A lógica da fé

© 2018 por Elizabeth Mattis Namgyel

Título original: *The Logic of Faith: a Buddhist Approach to Finding Certainty Beyond Belief and Doubt*
Publicado originalmente por Shambhala Publications

Todos os direitos desta edição são reservados a:
© 2019 Editora Lúcida Letra

Coordenação editorial
Vítor Barreto

Tradução
Lia Beltrão

Revisão
Dirlene Ribeiro Martins e Nádia Ferreira

Colaboraram na revisão
Henrique Lemes, Stela Santin e Gustavo Gitti

Projeto gráfico
Diego Navarro

Capa
Claude Monet. *Nenúfares* (Nymphéas/Water Lillies), 1906. ⓒ ⓘ
The Art Institute of Chicago®

1ª edição – 09/2019, 1ª reimpressão – 07/2020

Dados Internacionais de Catalogação da Publicação (CIP)

M444l   Mattis Namgyel, Elizabeth.
          A lógica da fé : uma abordagem budista para encontrar certeza além de crença e dúvida / Elizabeth Mattis Namgyel ; tradução de Lia Beltrão. – Teresópolis, RJ : Lúcida Letra, 2019.
          176 p. ; 21 cm.

          Inclui bibliografia.
          Tradução de: The logic of faith: buddhist approach to finding certainly beyond belief and doubt.
          ISBN 978-85-66864-73-1

          1. Vida religiosa - Budismo. 2. Crença e dúvida. I. Beltrão, Lia. II. Título.

     CDU 294.3
     CDD 294.3444

Índice para catálogo sistemático:
1.Vida religiosa : Budismo   294.3

(Bibliotecária responsável: Sabrina Leal Araujo – CRB 8/10213)

Elizabeth Mattis Namgyel

A lógica da fé

Uma abordagem budista para encontrar
certeza além de crença e dúvida

Tradução de
Lia Beltrão

Teresópolis/RJ
Setembro, 2019

ODE À GRAÇA

Eu prometo lealdade à experiência da graça, à expressão do insight humano a partir de onde todas as tradições de fé autênticas emergiram. Eu prometo lealdade à Mãe Vacuidade, prajnaparamita, à sabedoria do Buda, ao grande gênio espiritual Nagarjuna. Sobretudo, eu prometo lealdade ao meu amado professor, Dzigar Kongtrul Rinpoche, que me introduziu aos ensinamentos de pratityasamutpada, que me inspiram a continuar minha investigação a respeito da lógica de não saber e da busca por graça.

Sumário

Prefácio por Thupten Jinpa 8
Prefácio por Dzigar Kongtrul Rinpoche 13
Apresentação à edição brasileira 15
Nota de abertura 17
Agradecimentos. 21
Introdução. 23
    A palavra que começa com F 24
    O fim da fé? 25
    Pratityasamutpada 27
    Questionando de modo aberto 28
Capítulo 1: O que é que eu sei? 31
    Menos certeza, mais informação 32
    Graça em relação 36
    Tudo se apoia 40
    Emergindo de não perceber 45
    Delusão, realidade e ilusão 49
    A vida fora da nossa história 55
    Além das aparências 59

Capítulo 2: Investigando as coisas........................64
    Posicionando a mente para o insight.................65
    A prática de afrouxar...............................72
    Não faça disso uma coisa!...........................78
    Buscando por um eu permanente
    ou impermanente...................................85
    Começando do zero:
    investigando a autonomia...........................95
    Vacuidade...101
    As duas verdades: nem duas nem verdades..........106

Capítulo 3: Fé: além da crença e da dúvida................113
    Agir com fé.......................................114
    Acreditar...118
    Dúvida..124
    Eternalismo: ir até o fim das coisas..................129
    Niilismo: isso é tudo que existe?.....................135
    A visão sem visão.................................141

Capítulo 4: Cidadania....................................146
    Perfeito..147
    Queimando de amor em um mundo
    que não podemos consertar........................152
    Escolha..157

Capítulo 5: Tradição viva.................................162
    Espiritualidade customizada.......................163
    A lógica da fé....................................169

Prefácio

por Thupten Jinpa

Estou encantado com o convite de oferecer um prefácio ao deliciosamente envolvente livro de Elizabeth Mattis Namgyel, *A lógica da fé: uma abordagem budista para encontrar certeza além de crença e dúvida*. Apesar de sua linguagem aparentemente simples, o livro aborda algumas das mais desafiadoras questões da espiritualidade – a natureza da fé, sua relação com a racionalidade humana e o papel de ambas em abrir os portões do despertar, além de levantar a pergunta fundamental sobre a relação entre nossa percepção e a realidade. Por tomar de maneira muito séria o papel da investigação crítica, ou *meditação analítica*, como parte do caminho, eu vejo este livro como um corretivo importante e oportuno para a crescente tendência dentro dos escritos contemporâneos sobre budismo, muitos dos quais têm se inclinado a ignorar a postura mais proativa daquilo que a tradição budista chama de "aspecto de sabedoria" do caminho.

Um tema central neste livro é a noção de *originação dependente*, ou surgimento dependente, que a autora corretamente apresenta como sendo um dos mais importantes insights do budismo. Os primeiros budistas compreenderam esse princípio em termos de "mera condicionalidade", oferecendo um caminho para entendermos tanto a nossa própria existência como a do mundo, não como algo predestinado, mas simplesmente por meio da união de causas e condições. Quando as profundas implicações do princípio do surgimento dependente passaram a ser exploradas de modo mais profundo, foi reconhecido que ele revelava nada menos do que a verdadeira natureza de todas as coisas. De fato, em uma escritura do Cânone páli, nós lemos a seguinte afirmação atribuída ao Buda:

A lógica da fé

Aquele que vê o surgimento dependente vê Dhamma; aquele que vê Dhamma vê o surgimento dependente.

Não é de se admirar que, no *Tratado sobre o Caminho do Meio*, o pensador budista Nagarjuna – grande influenciador do século II – tenha escolhido o ensinamento do surgimento dependente como o argumento para prestar homenagem ao Buda. Seguindo seus passos, o mestre tibetano Tsongkhapa também escreveu um tributo ao Buda por seus ensinamentos sobre o surgimento dependente.

O que então é este princípio do surgimento dependente? Por que tanto alarde? – alguém pode perguntar. O termo sânscrito traduzido como "surgimento dependente" é *pratityasamutpada*, que literalmente significa "surgimento por meio de dependência e de modo relacionado". A ideia aqui é que, quando as coisas surgem em dependência de outros fatores, elas o fazem não de forma isolada, mas dentro de uma rede de complexidade profundamente interconectada. O Buda ilustra essa dependência com a imagem de dois feixes de bambus encostados um no outro, de modo que, quando um é derrubado, o outro também cairá instantaneamente. Assim, a descrição de nossa autora do surgimento dependente por meio da ideia de que *as coisas se apoiam* é certeira. Pensadores budistas penam bastante ao tentar explicar que os dois termos – *dependente* e *surgimento* – não devem ser entendidos como tendo uma relação sequencial, como na frase: "Eu lavei meu rosto e tomei café da manhã". As coisas não entram primeiro em relação dependente umas com as outras para depois surgir ou vir a ser. Ao contrário, *dependência* e *surgimento* deveriam ser entendidos como sendo simultâneos, como na frase: "Eu vou voando", em que os dois verbos não se referem a dois atos sequenciais separados.

Essa noção de dependência, que está no coração da visão budista do surgimento dependente, pode ser entendida em diferentes níveis. Em um nível básico, existe a *dependência causal*, na qual nada surge sem depender de suas causas e condições. Este significado em um nível básico é capturado na conhecida afirmação do Buda:

Prefácio

Quando isto existe, aquilo existe; pelo surgimento disto, aquilo surge.

Este é também o significado do celebrado verso, conhecido como o coração do surgimento dependente:

Todas as coisas surgem de suas causas e o Tatágata ensinou o que estas causas são; do mesmo modo aquilo que coloca um fim nestas causas – também isto foi ensinamento pelo grande monge.

Há, no entanto, mais um nível de significado para a noção de dependência, na qual a dependência permeia a totalidade de todas as coisas – não apenas sua origem, mas sua própria identidade. A ideia aqui é a seguinte: mesmo o aparentemente simples conceito de "fogo", por exemplo, pressupõe um pano de fundo completo, formado por experiência, convenções, linguagem, uso e construção conceitual, que incluem nossas suposições sobre sua relação com o combustível, a função de queimar e assim por diante. Vendo deste modo, causa e efeito são mutuamente dependentes, com um definindo ou se apoiando no outro. Nesse sentido, o surgimento dependente se torna um princípio bem mais radical. Ele estabelece que todo e qualquer conceito que nós temos é completamente contingente, e a noção de uma entidade independente, com identidade própria e limites definidos, é simplesmente insustentável. Todas as coisas estão apoiadas em alguma outra coisa, de tal modo que falar de coisas e eventos como se eles possuíssem algum tipo de autonomia necessariamente implica uma falsificação e uma aproximação grosseira.

Assim, para alguém como Nagarjuna, surgimento dependente é tanto a razão quanto a conclusão da investigação crítica sobre a natureza da realidade. Coisas e eventos são desprovidos de existência intrínseca porque eles surgem de forma dependente. Ao mesmo tempo, coisas e eventos são surgimentos dependentes; pois existência e identidade independentes são completamente insustentáveis. De fato, Nagarjuna sugere uma equação entre vacuidade e surgimento dependente, e estabelece que isto é, na realidade, o verdadeiro Caminho do Meio (*Tratado sobre o Caminho do Meio*, 24:18). Essa estrofe é talvez a inspiração por trás do conhecido ditado Zen, no qual primeiro se vê a montanha como montanha e a água como água; depois se vê a montanha como não montanha e a água como não água; e, finalmente, se vê a montanha como ainda montanha e a água como ainda água. O objetivo não é que, como resultado do insight, não se veja nada; ainda se vê a montanha como montanha e a água como água, mas, desta vez, sem a falsa suposição de que há entidades intrinsecamente reais por trás dos rótulos que usamos para falar sobre elas. Outro modo de dizer isso é que o mesmo mundo é visto agora sem os filtros e os véus que projetamos nele; o mundo é visto como ele é – vibrante, presente e profundamente interconectado.

Nagarjuna e sua tradição nunca entenderam os ensinamentos sobre vacuidade e surgimento dependente como uma simples questão filosófica. Para eles, o insight sobre esta verdade do surgimento dependente constitui o próprio coração do caminho para o verdadeiro despertar. Como Nagarjuna coloca, o propósito da vacuidade é causar a cessação das elaborações conceituais, que se encontram nas raízes do nosso apego e do nosso aprisionamento psicológico a uma noção solidificada da realidade, e na reatividade emocional em nossa relação com o mundo ao nosso redor. E essa desconstrução de nossos hábitos de apego, ancorados em nossa fixação a um eu e um mundo objetificados, requer a séria empreitada do questionamento crítico sobre as próprias raízes de nossos hábitos e seus mecanismos. Só assim aprenderemos a ver e nos relacionar com nós mesmos e com o mundo de uma maneira que esteja mais próxima da caótica verdade da profunda interdependência. O mestre budista do século XVII Chandrakirti, um intérprete de Nagarjuna de grande influência, mostra este ponto, como segue:

> *Os sábios declararam que a cessação da conceitualização / é um fruto da prática da análise.* (Entrando no Caminho do Meio, 6:117cd)

Prefácio

A beleza deste livro de Elizabeth Mattis Namgyel está em sua apresentação extremamente criativa desse insight sobre surgimento dependente. Constantemente relacionando esse insight à nossa experiência cotidiana e gentilmente nos guiando por uma série de autoquestionamentos, bem como fazendo uso de visões vindas da ciência contemporânea, da psicologia e da literatura, a autora traz essa descoberta fundamental do Buda à vida para o leitor e leitora contemporâneos. Com tal abordagem, há uma possibilidade real de que, como expresso pela autora, a lógica da vacuidade – o desvelar das complexas camadas de relações dependentes entranhadas na realidade – não mais permanecerá confinada ao domínio exclusivo da erudição acadêmica. A realidade do próprio indivíduo torna-se o campo do questionamento, e a verdade revelada por meio de tal questionamento reflete nada além do que a complexa teia de inter-relacionamentos que é a própria existência do indivíduo. Se experienciado dessa forma, o insight sobre o surgimento dependente pode oferecer a qualquer um, seja budista ou não, uma perspectiva verdadeiramente liberadora. Nossas dicotomias habituais e rígidas sobre nós e outros, interno e externo, sujeito e objeto, e assim por diante, naturalmente se dissolvem, e começamos a ver e a viver nossa vida em sintonia com o modo como as coisas realmente são. Portanto, como um entusiasta do ensinamento do Buda sobre surgimento dependente e como alguém que aspira incorporar essa verdade ao cotidiano da vida, é uma alegria genuína introduzir para o leitor contemporâneo este belo livro, que ajuda a chamar atenção para a verdade do surgimento dependente de um modo tão vigoroso e fresco.

Thupten Jinpa
Principal tradutor de S.S. o Dalai Lama e autor de Um coração sem medo

A lógica da fé

Prefácio

por Dzigar Kongtrul Rinpoche

Em seu livro *A lógica da fé*, Elizabeth Mattis Namgyel apresenta o princípio budista central de *pratityasamutpada*, ou surgimento dependente, de um modo completamente original. Eu aprecio muito a forma como ela tão bem combina o espírito e a autenticidade dos ensinamentos do Buda com a linguagem e a mentalidade do século XXI. Sua compreensão não é meramente conceitual, mas reflete o insight que emergiu de muitos anos de prática e estudo sérios.

Pratityasamutpada é um ensinamento sutil, mas poderoso, que está presente no coração de todos os ensinamentos do Buda, transcendendo tempo e cultura. Sempre relevante, porque é a chave para a compreensão sobre a natureza de como as coisas são, além de dogma e crenças, pratityasamutpada conduz a um entendimento completo de tudo o que alguém precisa saber. Como disse Nagarjuna: "Aquele que conhece o surgimento dependente conhece o darma; aquele que conhece o darma conhece o surgimento dependente".

Eu conheço Elizabeth há muito tempo, como estudante e como minha esposa. Ela tem uma mente magnífica, aberta e curiosa, que nunca para de olhar dentro de cada coisa. Ela ama os ensinamentos sobre pratityasamutpada – isto é evidente – e seu desejo de compartilhar seu entusiasmo com outros fica claro neste livro. Presenciei os ensinamentos de pratityasamutpada ganharem vida nela, realizando a sua aspiração de ser capaz de descansar no deslumbramento da natureza dos fenômenos e da clara luz da sabedoria. Isto certamente é o resultado de compreender

Prefácio

a profunda sabedoria do surgimento dependente, a natureza de todas as coisas, que não tem qualquer realidade substancial.

Eu espero que este livro contribua para que o Darma autêntico crie raízes no Ocidente, de modo que a sabedoria genuína se apresente para todos aqueles que a procurem.

Apresentação à edição brasileira

Quando recebi o convite para fazer esta apresentação, tive certo receio em aceitá-lo. Pensei que, sendo o irmão da autora, minhas palavras poderiam soar meio tendenciosas. Mas, pensando duas vezes, vi que tinha vontade de compartilhar algumas coisas sobre Elizabeth com o leitor.

Elizabeth conheceu seu professor e marido, Dzigar Kongtrul Rinpoche, no Nepal quando era jovem. Morou vários anos na Ásia com ele, onde absorveu a cultura e os costumes budistas e tibetanos. Com Rinpoche e o filho do casal, acabou voltando aos Estados Unidos, onde fundaram e estabeleceram juntos a Sangha de Kongtrul Rinpoche: Mangala Shri Bhuti.

Durante essa época, ela fez seu mestrado em filosofia budista na Universidade Naropa, onde começou a estudar profundamente os ensinamentos do Mahayana sobre a originação dependente e o Caminho do Meio. Eu me lembro nitidamente do entusiasmo que ela tinha por esses ensinamentos tão profundos e às vezes difíceis de compreender. Ela estava completamente apaixonada por eles. E isso é fácil de lembrar porque, mesmo passados 25 anos, ela segue mais apaixonada do que nunca!

Após se formar, ela entrou em um retiro de muitos anos e aprofundou-se na prática.

Conto tudo isso porque hoje em dia, a meu ver, Elizabeth ocupa um lugar especial como professora do Darma. Ela é uma mulher leiga, ocidental e moderna que se entregou e foi transformada pelo Darma. Graças a sua paixão e dedicação, tanto pelo estudo quanto pela prática, ela assimilou e integrou ambos em sua própria vida. Os ensinamentos tornaram-se algo pessoal para ela; deixaram de permanecer apenas na teoria ou como algo abstrato. Quando ela fala do Darma, é a partir de sua própria experiência, por meio de suas próprias investigações e com suas próprias palavras. E mesmo com sua forma única de se expressar – com seu entusiasmo contagiante e usando referências modernas e diversas tradições e contextos como ferramentas –, não se desvia do Darma tradicional. Ela parte logo para a essência e cria pontes para que esses ensinamentos, que às vezes levam tantos anos para serem compreendidos, se tornem acessíveis, aplicáveis e vibrantes, até para pessoas iniciantes que estejam assistindo pela primeira vez sua palestra. A facilidade e flexibilidade que Elizabeth demonstra perante os ensinamentos revela alguém que ganhou um nível de domínio sobre eles.

Em *A lógica da fé*, Elizabeth examina a questão da fé no caminho espiritual. Ela faz isso no contexto do ensinamento essencial do Buda, *pratityasamutpada*, ou originação dependente. Não se trata de uma fé cega, mas de algo muito mais profundo que tem o potencial de abrir as portas de nossa mente e transformar nossa vida.

Se você deseja desmistificar a fé e entender mais sobre seus mecanismos, e ainda aspira viver no vasto mistério, magia e bênçãos que ela traz, este livro é para você. Isso soa contraditório? Continue lendo...

Michael Mattis
Janeiro de 2019

Nota de abertura

Quando criança, eu me lembro de andar sozinha até a igreja que ficava a algumas quadras da minha casa para acender velas. Eu não tinha uma ideia segura sobre para quem eu as estava oferecendo. Eu não tinha conceitos sobre fé ou o que eu deveria ou não deveria fazer a respeito da espiritualidade. Apenas me sentia atraída pela luz. A experiência de reverência e humildade que algumas vezes eu encontrei inspirou este impulso inicial para a devoção e fez nascer em mim o desejo de expressá-lo. Intuitivamente, entendi que aquilo foi algo que surgiu no mais profundo da natureza do meu ser, e não me ocorreu nomeá-lo.

Seja como criança ou adulto, nós todos estamos suscetíveis a viver momentos nos quais emergimos da nossa realidade habitual. Nesses momentos, temos um vislumbre da magnificência do mundo ao nosso redor. Ao mesmo tempo, à medida que adentramos nossas vidas, também estamos suscetíveis a um mundo que os outros definem para nós.

Não me entenda mal. Eu não estou desconsiderando a importância da linguagem e o modo como outras pessoas pensam. Nós dependemos da ajuda de outros para educar-nos sobre como navegar no mundo que encontramos. Portanto, mesmo tendo passado por toda esta inevitável doutrinação, eu me sinto afortunada por continuar a confiar e buscar uma experiência que, por sua plenitude, vai além de palavras, definições e rótulos.

A lealdade que eu tenho com esta experiência que chamarei aqui de *graça* – apenas para que possamos falar sobre ela – me conduziu por uma busca ativa e ainda em curso, tanto dentro como fora das barreiras de minha própria mente. No coração desta busca estão perguntas como: "O que provoca essas experiências momentâneas de bem-estar? Por que elas vão e vêm? E quando eu não as sinto, significa que alguma coisa está faltando em mim? Falta-me fé?". Foi apenas depois dos meus vinte anos, quando eu encontrei os ensinamentos sobre surgimento dependente – pratityasamutpada (pra-tee-tya-sam-ut-pada) em sânscrito, que vagarosamente comecei a encontrar palavras que se relacionavam diretamente com essas perguntas.

Recebi meus primeiros ensinamentos sobre pratityasamut-pada quando estava sentada em uma montanha em uma pequena vila nepalesa chamada Dhulikhel, de onde se tinha a vista de um amplo e nublado vale. Eu sentei ali quieta, ao lado do meu professor Dzigar Kongtrul Rinpoche (a quem eu apenas recentemente havia conhecido), sem saber que ele estava prestes a me introduzir a algo que iria, a seu tempo, implodir completamente o meu mundo.

Enquanto eu contemplava os campos de plantação de arroz e um pequeno aglomerado de casas de barro abaixo, Rinpoche voltou-se para mim, posicionando as mãos com a ponta dos dedos indicadores se tocando, de um modo que criava algo que parecia a forma triangular de um telhado, e perguntou: "Lizzy, isto [a forma] é um ou dois?".

Pensei que aquilo talvez fosse algum tipo de pegadinha. "Um ou dois *o quê*?", me perguntei. Olhei para o triângulo e vi dois dedos compondo a forma, então eu não poderia dizer que isto (a forma) era *uma* coisa. Mas, ainda assim, não poderia dizer que o triângulo eram dois. Então respondi: "Nem um nem dois, nem o mesmo nem separado".

Para minha completa surpresa, meu novo professor parecia extremamente satisfeito comigo, ainda que eu não soubesse exatamente a razão. Foram muitos anos até que eu entendesse o significado do seu misterioso gesto e como ele poderia ter qualquer relevância para o despertar espiritual. Em todo caso, o que aconteceu foi que essa lição falava diretamente, do modo mais exato possível, a algumas das inquietantes perguntas que eu havia feito sobre fé e a experiência de graça desde que era criança. Eu não vou tentar explicar as implicações profundas desse gesto para você agora, mas, ao final deste livro, espero que veja a profundidade desse simples ensinamento também.

No período entre eu receber essa instrução inicial e sua sabedoria começar a amanhecer em mim, eu tive que aprender – e desaprender – bastante coisa. Dei-me conta de que havia adotado alguns pressupostos sobre espiritualidade sem qualquer avaliação – algumas crenças e dúvidas. Quando formalmente entrei no caminho budista, passei a ter de lidar com eles.

Primeiro e mais importante, eu observei uma compreensão equivocada em mim mesma que comecei a entender como sendo uma forma de fundamentalismo. Este fundamentalismo tornou-se visível em momentos nos quais senti que não havia espaço para questionamentos. Nesses momentos, eu sentia que a fé era algo que supostamente deveria ter – que era esperado de mim, como uma "boa" budista, que eu mantivesse crenças estabelecidas e sentisse uma certeza inabalável.

E ainda assim, muitas perguntas surgiam, como, por exemplo, o que eu deveria fazer quando não me sentisse inspirada por minha prática de meditação; ou nos momentos em que, por mais que eu quisesse sentir compaixão, meu coração mais parecia uma semente seca; ou quando alguém de minha comunidade espiritual fizesse algo que desafiava meus valores? Algumas vezes o conflito que eu sentia era provocado pela linguagem rígida que eu encontrava na tradução de um texto, ou por um embate com a visão estreita de alguém. Em momentos como esses, comecei a associar a fé a formas sutis do que se deveria ou não se deveria fazer – e algumas vezes a uma visão bem severa de certo e errado. Sempre que eu olhava para minha experiência através dessas lentes limitadas, eu podia ver a vivacidade sendo drenada da minha prática espiritual. E isso me incomodava profundamente.

Tudo isso subitamente me pareceu uma grande contradição. O Buda não havia encorajado – e isso é bem conhecido – seus discípulos a confiar em seu próprio processo de despertar, quando ele lhes disse: "Não simplesmente acreditem naquilo que eu digo por respeito. Examinem minhas palavras do mesmo modo que um ourives examina o ouro"? Enquanto eu me debatia com os meus próprios ideais espirituais e os dos outros, frequentemente me perguntava: "Onde foi parar aquela criança fascinada com seu universo insondável?".

Bem, acontece que esses períodos de seca – os momentos em que supus que me faltava fé porque eu não conseguia reconciliar meus ideais com minha experiência – sempre foram cruciais para que a maturidade espiritual acontecesse para mim. Desconfio que isso seja assim para você também. Pode ser que você sinta, assim como acontece comigo, uma ressonância com as palavras do teólogo alemão Paul Tillich, que disse que a dúvida é um elemento da fé. A espiritualidade não tem qualquer utilidade se ela é contrária à vida tal qual a experimentamos. Convenhamos, quando a realidade da vida está bem diante de nós, que utilidade teria o caminho espiritual se não dissesse respeito à condição humana? Que utilidade teria qualquer tentativa de passar por cima dos dilemas da vida em vez de olhar diretamente para eles?

Passei a entender que, para que eu possa crescer como ser humano, com certeza tenho algum trabalho a fazer. Viver em graça tem exigido que eu olhe para as ideias que já sustentei sobre o que se deve ou não fazer em relação à espiritualidade, para que uma abordagem mais viva e direta possa surgir. E, sim, eu inevitavelmente entro e saio da experiência da graça, mas o que sinto é que não me perco do caminho se eu continuamente buscá-lo. De fato, posso mesmo chamar essa busca por graça de fé.

Agradecimentos

Eu gostaria de expressar minha gratidão sincera e de coração a todos que estão por trás do *A lógica da fé*. Antes de tudo, quero agradecer ao meu professor, Dzigar Kongtrul Rinpoche, e à linhagem de sabedoria budista ancestral que flui através dele. Ele tem transmitido o insight essencial do surgimento dependente para estudantes interessados ao longo de muitos anos e o tem feito com intensa paixão, destemor e clareza. Alguém uma vez comentou que receber ensinamentos sobre o Caminho do Meio de Rinpoche é como tentar beber a água de um bebedouro de fogo. Entendo o que ela quis dizer.

Dave O'Neal, meu editor na Shambala Publications, me empurrou em uma direção bem particular quando sugeriu que eu escrevesse sobre os ensinamentos do Caminho do Meio no contexto da fé – um tema que eu estava explorando profundamente na época. O que aconteceu foi uma mistura poderosa. Agradeço a Dave por sua visão e elegância na linguagem. Ele tem sido um apoiador em cada passo do caminho.

Também quero agradecer a Sasha Dorje Meyerowitz, meu amigo e parceiro de escrita, também um devoto dos ensinamentos do Caminho do Meio, por contestar minhas suposições de linguagem e garantir que eu dissesse exatamente aquilo que queria dizer. Ele é um comunicador criativo e habilidoso, e o livro não seria o que é sem ele.

Tenho ainda três amigos especiais para agradecer: Buddy Frank, Tatjana Krizmanic-Meyerowitz e Owsely Brown, pela bondade, encorajamento e apoio inestimáveis em vários níveis.

Profunda gratidão ao ilustre erudito Thupten Jinpa por seu lindo e significativo prefácio, um ensinamento em si mesmo; e a Joanna Macy, que faz muitas aparições neste livro. Sua paixão e seus escritos sobre o tema de pratityasamutpada foram de grande inspiração para mim.

Agradecimentos

Muito apreço à querida Julia Sanderson por me deixar terminar meu livro em seu lindo apartamento em Nova York; a Ani Lodro, minha conselheira em tudo o que diz respeito à ciência; a Greg Seton por sua ajuda em traduzir palavras tibetanas e sânscritas; e a Sue Koche e Deborah Havnes pelo contínuo encorajamento e amizade. Obrigada a Abba Hatcher, Gretchen e Chris Holland pelo apoio contínuo. E, claro, obrigada a todos da Shambala Publications: Nikko Odiseos, Hazel Bercholz, KJ Grow, Kay Campbell e Breanna Locke, por fazerem tudo isso acontecer, e a LS Summer, por criar o índice (da edição original).

Por último, minha gratidão a Uma Devi, minha égua grisalha e amiga devota, com quem fiz longas cavalgadas contemplativas pelas planícies de San Luis Valley durante meus descansos do processo de escrita. Posso dizer que aqueles foram os momentos em que eu realmente escrevi este livro!

Introdução

A palavra que começa com F

Este livro inteiro gira em torno da palavra *fé*. Você pode achar que já sabe o que ela significa. Talvez pense que ela possui uma definição única e clara. Mas palavras não são estruturas definitivas: uma palavra pode ter significados ilimitados – e até mesmo opostos. A linguagem se metamorfoseia ao longo do tempo, e palavras assumem significados diferentes a depender de seus contextos. É possível que você encontre tantas definições de fé quanto há pessoas para defini-la. Tente perguntar por aí.

Apenas para você ter uma ideia de alguns dos usos possíveis da palavra *fé*, procure-a em um dicionário de português tradicional; muito possivelmente ele incluirá na definição termos como *dogma*, *religião*, *fundamentalismo*, *doutrina* ou *indoutrinação*, *confiança*, *convicção* e *insight espiritual*, apenas para nomear alguns. As pessoas fazem afirmações fortes sobre a fé, como "Fé sem dúvida conduz à arrogância moral" ou "Se você não tiver fé inabalável em Deus, irá para o inferno". Algumas pessoas sentem que aqueles que afirmam ter fé estão enganando a si mesmos. Essas pessoas equiparam fé ao desempoderamento que advém de cegamente entregar poder de decisão a uma figura de autoridade. Para outros, a fé é a expressão máxima da consciência humana e transporta-nos para além das insignificantes preocupações da vida mundana. Refletindo, você pode notar que usa o termo *fé* de diferentes modos. Mas perceba também que esses variados usos têm uma coisa em comum: eles refletem o desejo de encontrar tranquilidade em um mundo que não oferece garantias.

Você acha que seria sequer possível viver em um mundo sem fé? Uma vez que nós contamos com o mundo ao nosso redor, para mim parece que não temos outra escolha a não ser ter fé. O falecido professor budista Thinley Norbu Rinpoche conectou a fé à natureza da existência quando ele disse: "Vacas têm fé em grama"[1]. Essa afirmação pode soar simplista à primeira vista, mas suas implicações são profundas. Você não pode retirar a fé da equação de sua condição relativa de ser terrestre. O fato de depender do mundo no qual vive é o que mantém você vivendo em fé, e não há escapatória quanto a isso.

Considerando a multiplicidade de definições que encontramos sobre fé e quão crucial ela é para nossa existência, a fé é digna de profunda consideração.

O fim da fé?

Em um determinado momento, depois de longo período explorando a fé por meio da minha prática e estudos pessoais, decidi levar minha investigação para o mundo e ver o que os outros pensavam a respeito. Rapidamente aprendi que, quando eu descrevia o tema do meu ensinamento usando a palavra *fé*, ninguém se interessava. Inclusive, uma vez, quando eu estava conduzindo um programa on-line sobre fé, alguém escreveu na caixa de conversa: "Essa era exatamente a mentalidade que minha avó tinha!". Foi como se, ao simplesmente pronunciar a palavra que começa com F, eu houvesse insultado sua inteligência. Para ele, a fé não poderia ser outra coisa que não antiquada e retrógrada. Notei, por sinal, que a palavra que começa com F geralmente também não cai muito bem em conferências budistas.

Depois disso, comecei a chamar minha investigação de "A palavra que começa com F"[2] – e aí sim todo mundo queria conversar. As pessoas são atraídas por coisas que tenham um quê de rebeldia. E por isso fiz o que tinha de fazer para chamar atenção para um tema

---
1 Thinley Norbu, Magic Dance (Boston: Shambhala, 1999), 90.

2 N.T.: Traduzida aqui como "a palavra que começa com F", a expressão "F-word" usada pela autora é também uma forma educada de se referir a palavra *fuck*.

que eu sinto que precisa ser urgentemente examinado. Como praticantes espirituais, estudiosos e seres humanos buscando por um senso de conforto, este tema nos impulsiona a refletir sobre as coisas que nos são desconfortáveis ou que não entendemos, em vez de simplesmente aceitá-las ou rejeitá-las.

Muitos pensadores contemporâneos querem distância absoluta da palavra *fé* e a substituem pelo termo *espiritualidade*. Em seu livro *A morte da fé*, Sam Harris associa fé a terrorismo, e de modo compreensível. Pessoas fazem coisas inconsequentes em nome da fé. E ainda assim eu me pergunto: podemos nos dar ao luxo de eliminar completamente a palavra *fé*? Pessoalmente, acho que seria uma escolha demasiadamente fácil. Não estou dizendo que a palavra *espiritualidade* não tenha seu uso em nossos idiomas. Mas, se não tiver cuidado, a espiritualidade pode facilmente permitir que você ignore o dilema humano, uma vez que ela pode ser qualquer coisa que você queira que seja, enquanto a fé irá desafiar você. A fé não é tão confortável. Ela carrega consigo a inegável tensão entre sua busca por segurança e os limites de sua capacidade de discernimento. A fé mantém sua busca espiritual relevante e conectada ao coração do dilema humano.

Minha preocupação também é que, ao limitarmos a definição de fé à aceitação cega ou dogma, corremos o risco de perder tradições genuínas de sabedoria e prática contemplativa que incluem a fé. A função inicial da espiritualidade emergiu do questionamento sobre a condição humana e também de experiências de profundo maravilhamento. A própria palavra *religião*, que inicialmente significava "religar", parece ter surgido da experiência direta de algo mais amplo do que simplesmente um conjunto de ideias fixas. Marca um retorno a algo essencial que nós falhamos em reconhecer em meio à miopia da nossa vida diária. Que curioso que transformemos experiências de maravilhamento em dogmas e ideias estagnadas. O fato de acabarmos por associar fé a fundamentalismo, cegueira e mesmo terrorismo nos indica que há algo importante sobre o qual refletir.

Introdução

Pratityasamutpada

Então, como alguém olha para a fé – seja como uma experiência ou como uma narrativa cultural – sem se fechar em dogmas e ideias fixas? Estou feliz por você ter perguntado. Neste livro, introduzirei você a alguns métodos de investigação que irão tratar diretamente desse desafio. A abordagem básica que usaremos tem sua origem no exato momento do despertar do Buda.

Quando o Buda alcançou a iluminação sob a árvore Bodhi em Bodh Gaya, na Índia, ele teve um profundo insight sobre o segredo do universo. Foi a partir desse insight que ele revelou o poderoso princípio de pratityasamutpada, que é comumente conhecido por sua tradução para o inglês [e para o português] como "surgimento dependente". Pratityasamutpada descreve como tudo o que nós experienciamos – tanto materialmente quanto no nível da consciência – surge, permanece e desaparece em dependência de uma rede infinita de relações contingentes. Em outras palavras, é porque as coisas dependem que a vida se move e nós podemos experimentá-la.

Para aqueles que estudam e praticam o caminho do Buda, sua descrição do surgimento dependente tornou-se um modo fresco e desimpedido de perceber a mente e seu mundo, e a principal compreensão que torna a liberação possível. É correto afirmar que esse mesmo insight da natureza do surgimento dependente foi a mais crucial revelação do Buda, a partir da qual se desdobraram todos os ensinamentos subsequentes[3]. Também foi a sabedoria que meu professor estava me demonstrando por meio de seu simples gesto anos atrás.

---

3 Nas escrituras budistas, você encontrará o termo pratityasamutpada usado de duas maneiras: em um nível específico, pratityasamutpada refere-se à aplicação desse princípio geral em um ensinamento chamado de os doze elos do surgimento dependente. Nós não exploraremos, explicitamente, esse ensinamento neste livro. Em vez disso, enfocaremos o insight do Buda sobre pratityasamutpada de modo geral: enquanto compreensão central a partir da qual todos os seus ensinamentos – como os ensinamentos sobre carma, sofrimento, liberação e vacuidade – emergiram.

É importante que eu diga e que você compreenda que, embora pratityasamutpada chegue até nós por um continuum de realização e prática budistas, ela não é um dogma ou um conjunto de ideias ao qual aderir. Ao contrário, a sabedoria de pratityasamutpada funciona como um portal para um modo completamente novo de entender sua mente e seu mundo, com base na experiência direta. É um poderoso insight que você pode usar como ferramenta para liberar a si mesma[4] de visões confusas que tenha a respeito de seu lugar no mundo onde vive. Eu sei que isso soa como uma promessa grande demais, mas esse insight é na verdade simples e natural, garanto a você. De fato, uma vez que você dá o primeiro passo para fora do seu modo habitual de ver as coisas, irá maravilhar-se com quão óbvia essa verdade é.

Questionando de modo aberto

No século dois, os ensinamentos de pratityasamutpada foram revitalizados e energizados pelo extraordinário gênio espiritual Nagarjuna. Ele desenvolveu uma série de investigações metódicas baseadas no insight do Buda sobre a natureza do surgimento dependente que provê, para quem quer que as aplique, um modo de unir inteligência crítica a uma mente de completa abertura. O único propósito dessas investigações é nos guiar para além do reino abstrato das ideias em direção a uma relação direta com a vida.

Há algo importante a ser dito aqui a respeito da qualidade da mente quando ela está engajada em um processo de questionamento.

---

4 N.T.: Tanto quanto possível, favorecemos ao longo do texto uma tradução que evitasse flexões de gênero, mantendo as características da linguagem e do idioma da autora. No entanto, Elizabeth explora com frequência a interlocução com quem a está lendo, e muitas vezes a escolha de gênero se faz necessária. Na tentativa de gerar uma linguagem mais inclusiva, decidimos, em conjunto com a autora, traduzir as flexões (neutras em inglês) para o feminino na primeira parte do livro (Introdução, Capítulos 1 e 2) e para o masculino na segunda (Capítulos 3, 4 e 5), sempre que a autora estiver em diálogo com quem a lê.

Introdução

Eu comumente tenho usado o exemplo da "mente de uma pergunta aberta" para descrever essa qualidade. Uma pergunta aberta – o oposto de uma pergunta que deseja uma resposta – é aquela que não se acomodou em uma conclusão nem se fechou em crenças e dúvidas. Ao contrário, quando você faz uma pergunta aberta, você permanece receptiva, humilde e conectada com a natureza viva e dinâmica das coisas. De acordo com essa tradição, essas são as características de uma mente posicionada para o insight. De fato, é dito que o insight nada mais é do que uma mente aberta e atenta que percebe seu objeto sem erro.

O propósito de dizer tudo isso aqui é deixar que você saiba de antemão que eu escrevi este livro como uma investigação, de modo que ele demandará alguma participação e curiosidade de sua parte. Além de compartilhar minha experiência, irei lhe propor muitas perguntas e introduzir várias investigações guiadas que têm sido transmitidas por mestres budistas realizados, peritos na antiga arte da investigação meditativa. Convidarei você a navegar em sua própria experiência de fé porque – acho que podemos concordar sobre isso – nada substitui a certeza que advém de ver as coisas diretamente por você mesma.

Colocando de outro modo, o que acontece quando olhamos para o mundo com frescor nos olhos e coração aberto? Aliás, o que significa "olhar" aqui? Como alguém olha? Vamos adentrar esse tema com grande profundidade. Mas, por agora, eu quero apenas introduzir a ideia do surgimento dependente, pratityasamutpada, como seu instrumento para explorar a fé. E quero ter certeza de que você entendeu que, ainda que os métodos usados neste livro venham da tradição do Buda, não há nenhuma alegação de que o insight em si mesmo seja propriedade de qualquer religião. Nós todos estamos suscetíveis a momentos de graça e visão clara. Por isso, o termo *insight*, como eu uso aqui neste livro, serve simplesmente para descrever um potencial inerente em todos nós.

Alguns dos métodos apresentados neste livro podem desafiar as suposições que você tem sobre linguagem, crenças, dúvidas, espiritualidade e a natureza do conhecimento. Eles podem trazer à superfície algumas ideias não lapidadas sobre fé e até mesmo incitá-la a repensar como você vê a si mesma e o mundo no qual vive. Mas o que seria de uma exploração sem seus desafios?

CAPÍTULO 1

O que é que eu sei?

Menos certeza, mais informação

> *Nosso conhecimento de base científica busca conquistar a realidade, explicá-la e trazê-la ao controle da razão, mas um encantamento pelo desconhecido também tem sido parte da experiência humana.*
> – Karen Armstrong, The Case for God[1]

É bem provável que saber se algo é verdadeiro ou não seja muito importante para você. Pode ser que você presuma que as coisas que percebe ou pensa são fatos. Então, deixe-me lhe perguntar algo: o ato de saber é realmente capaz de capturar a verdade? O termo saber descreve sua habilidade em perceber, estar consciente de, discernir, absorver ou compreender o mundo ao seu redor, mas, em algum momento, você chega realmente a uma conclusão final quando se trata de saber?

Sempre que eu acho que sei alguma coisa, ela muda ou eu a vejo a partir de outro ângulo ou do ponto de vista de outra pessoa. Isso me sugere que o mundo não se deixa ser conhecido de um modo determinado. Por isso, mesmo depois de séculos de tentativa, nós ainda não conseguimos encontrar a causa primordial da criação do universo, nem entrar em consenso sobre um serviço de saúde efetivo para todos os nossos cidadãos, e certamente nunca fomos capazes de chegar a uma conclusão a respeito da velha pergunta: "Quem sou eu?".

Qual o lugar da verdade em um mundo dinâmico e aberto à interpretação? No reino da ciência, continuamente lutamos para descobrir novas verdades, que fazem das antigas descobertas os alicerces a partir de onde as novas emergem. Alguns cientistas contemporâneos reconhecem as limitações de sustentarmos verdades estáticas. O físico teórico F. David Peat explica como, dentro do reino da

---

1   Publicado no Brasil sob o título *Em defesa de Deus* (Editora Companhia das Letras, 2011).

O que é que eu sei?

ciência, é amplamente defendido que a certeza a respeito do mundo real é um empreendimento histórico fracassado. Em seu livro *From Certainty to Uncertainty* (*Da certeza para a incerteza*, sem publicação em português) ele escreve:

> A teoria científica é um modelo do mundo real, um modelo no qual, por exemplo, não há fricção, não há resistência do ar; um modelo no qual todas as superfícies são perfeitamente macias e todo movimento é totalmente uniforme. Refere-se a um mundo onde tudo foi totalmente idealizado[2].

Quando as ideias estão livres e soltas na vida, as coisas ficam um tanto embaralhadas e menos previsíveis. Aquilo nunca vai chegar a estar completamente certo. Isto não significa que a ciência não faça incríveis e úteis descobertas. Apenas sugere que nós podemos funcionar no mundo – e já o estamos fazendo – independentemente do fato de algo ser verdadeiro ou não.

Parece-me que acreditar que nós sabemos algo de maneira conclusiva serve apenas para bloquear nossa habilidade de discernir e responder à vida de forma inteligente. Deixe-me dar um exemplo. Eu suspeito que em algum momento ou outro (talvez em uma situação na qual você estivesse participando de um jantar formal, durante o qual não podia simplesmente se levantar e sair) você se viu empacada, falando com um ser que "sabe-tudo". Ou, melhor dizendo, esse ser sabe-tudo estava falando com você, já que os sabe-tudo normalmente dominam a conversa. Pessoalmente, acho difícil prestar atenção a um sabe-tudo quando a força de toda aquela verdade está sendo jogada sobre mim. A convicção frequentemente se manifesta em conjunto com muita emoção. Você pode perceber, enquanto conversa com um sabe-tudo, que a intensidade de seu argumento faz com que ele mesmo fique desconfortável, e ele comumente tenta mo-

---

2 F. David Peat, *From Certainty to Uncertainty: The Story of Science and Ideas in the Twentieth Century* (Washington, DC: John Henry Press, 2002), 106.

derar a "verdade" de suas afirmações concluindo sua fala com a frase: "Mas o que é que *eu* sei?".

Não estou condenando os sabe-tudo. Meus encontros com eles me fizeram refletir a respeito de minhas próprias tendências à convicção, a estar certa. Já experimentei a ressaca depois de uma noite dedicada a estar certa – o efeito vergonhoso de ter exposto a inflexibilidade de meu pensamento. Eu vejo o quanto falho em honrar a inteligência dos outros e como, ao mesmo tempo, me encontro à mercê de sua aprovação. Quando estou vulnerável à opinião dos outros, necessariamente sucumbo à insegurança e a uma sensação generalizada de perda de compostura. Estar certa nunca me ofereceu a verdadeira confiança que eu busco.

Na mesma medida em que desconfio de todos os sintomas dessa convicção rígida em mim mesma e nos outros, me deleito e aprecio as qualidades de humildade, curiosidade e abertura seja onde e em quem eu as encontre. Essas qualidades refletem um entendimento sobre como viver de acordo com o movimento natural da vida, e elas expressam elegância e desenvoltura em ser.

Ainda que você possa partilhar comigo dessa apreciação pelas qualidades de humildade e abertura da mente, pode ser que ainda sinta a necessidade de sustentar pelo menos algumas verdades. "Afinal de contas", pode ser que você pergunte, "nós não precisamos de princípios fortes para sermos capazes de fazer escolhas decisivas e responsáveis na vida?".

Esta pergunta revela, em si mesma, uma suposição sutil de que a abertura da mente é incompatível com o discernimento. Mas, na verdade, se você dedicar algum tempo para examinar sua experiência, pode ser que perceba que, na medida em que suaviza suas ideias, sua mente torna-se ágil e você pode conectar-se com mais precisão com o mundo ao seu redor.

Considere, por exemplo, o processo de uma entrevista. Como eu, talvez você tenha um entrevistador ou entrevistadora favorita;

O que é que eu sei?

a minha é Terry Gross, do *Fresh Air*, um programa da rádio National Public. Eu normalmente me antecipo e busco saber o assunto que será abordado pelo convidado que ela entrevistará mais tarde naquele dia. Às vezes, acontece de o assunto não me interessar, mas eu decido sintonizar mesmo assim, enquanto limpo a casa ou dobro minhas roupas. À medida que Terry vai abrindo a entrevista, por meio de seu habilidoso processo de gentilmente guiar seu convidado e levá-lo por direções surpreendentes e íntimas, eu me vejo de repente imersa na complexidade da história de outra pessoa, no mundo natural, nas alegrias e desafios da condição humana. Subitamente, começo a prestar atenção ao mundo ao meu redor de uma maneira totalmente nova. A suposição isolada que eu inicialmente possuía a respeito daquele assunto não é capaz de conter a vivacidade da discussão, que continua se abrindo e se abrindo, nunca encontrando um destino final a não ser os limites das ondas do rádio.

O desenrolar de uma entrevista é um excelente exemplo de como as formas ilimitadas e dinâmicas por meio das quais percebemos a vida são demasiado impetuosas sob o ponto de vista de certo e errado, de é e não é, ou de ideias singulares. O fato de não podermos capturar a plenitude da experiência em pensamentos não faz dessa mesma experiência algo vago ou abstrato. Em vez disso, uma mente flexível nos retira da forma abstrata como vemos as coisas e nos leva em direção a uma relação com a vida mais rica em nuances.

Neste livro, exploraremos a natureza do saber e se precisamos ou não sustentar nossas verdades a fim de responder à vida com acuidade, eficácia e visão. No caso de você ainda estar se debatendo com a ideia de que questionar a verdade talvez enfraqueça sua habilidade de funcionar no mundo, deixe-me propor uma pergunta para que você reflita: não é exatamente nos momentos em que se entrega para o mistério e o movimento da vida que você se vê capaz de experimentar seu próprio brilho?

Graça em relação

> *Quando tudo está calmo por trás dos meus olhos, eu vejo tudo o que me fez ficar voando por aí em pedaços invisíveis. Quando eu olho demais, isso vai embora. Mas quando tudo está calmo... eu vejo que eu sou um pequeno pedaço em um universo muito, muito grande que faz as coisas ficarem certas.*
>
> – O personagem Hushpuppy, no filme Indomável sonhadora

Em 1968, os Estados Unidos colocaram em órbita uma nave espacial tripulada para navegar ao redor da lua e explorar os mistérios do cosmos. Esses astronautas se tornaram os primeiros na história humana a viajar para além da órbita terrestre, olhar para trás e ver, a partir do espaço, uma Terra completamente iluminada. Nenhum deles havia antecipado o efeito transformador que esse vislumbre teria sobre eles. Tão impactante foi a experiência que aqueles que estavam envolvidos na jornada desde o início se questionaram em retrospectiva se essa não teria sido a mais importante razão para a ida deles.

Desde então, muitos astronautas têm descrito a experiência de ver a Terra a partir do espaço como um súbito e inesperado reconhecimento da interconexão: uma descentralização da forte tendência do eu-focado-em-si-mesmo que todos nós temos de colocar a nós mesmos ou a nossa nação no centro do universo. O astronauta Edgar Mitchell, que viajou para a Lua em 1971, escreveu diversos livros sobre sua experiência com esse fenômeno. Neles, Mitchell transformou em crônicas não apenas sua aventura no espaço, mas também o fato de ela ter servido como porta de entrada para sua exploração pessoal sobre a consciência humana, a natureza do eu e sua relação com o universo. Em um curta-metragem chamado *Overview*[3], Mitchell

---
3   N.T.: Em português, a experiência é traduzida como "efeito perspectiva". O filme pode ser encontrado a partir de seu nome original em inglês.

descreveu o efeito de olhar para o planeta Terra através da janela da espaçonave como uma alteração em sua perspectiva humana: "Um tipo de autoconsciência que não era algo novo, mas importante para o modo como nós humanos nos construímos".

Toda grande tradição espiritual emergiu a partir de experiências de espanto como essa. Como sugere Mitchell, essa experiência de autoconsciência não é uma novidade, nem é exclusiva de astronautas. E, apesar de não conseguirmos traduzir encontros como esse em palavras, nós damos nomes a eles: a graça de Deus, o divino, natureza de buda ou o Tao. Na tentativa de descrever essas experiências, desenvolvemos sofisticados sistemas filosóficos e geramos diversos métodos de meditação e rituais para cultivá-las. E todas essas expressões criativas – toda a iconografia, poesia, hinos, arquitetura sagrada e linguagem – embelezam nosso mundo. Isso, claro, até que declaremos que nossa tradição em particular é aquela que realmente está "certa". Essa atitude é infalível em sufocar o senso de maravilhamento que inicialmente inspirou a própria expressão criativa.

Vamos tomar cuidado para não perder de vista o propósito original de nossas tradições de sabedoria protegendo-as de nossa certeza de estarmos certos. Vamos apreciá-las porque seu mais profundo objetivo é nos liberar de nossa luta constante por encontrar sanidade em um mundo onde não há garantias.

Eu me lembro vividamente de meu primeiro encontro com o realizado professor budista Dilgo Khyentse Rinpoche, quando eu tinha cerca de vinte anos. Ele tinha uma história impressionante. Quando adolescente, por vontade própria, deixou sua casa para praticar meditação sozinho em uma caverna por muitos anos. Ele tornou-se profundo conhecedor de todas as linhagens do budismo tibetano – protegendo e apreciando cada uma delas de acordo com suas qualidades únicas, ao mesmo tempo em que enfatizava suas similaridades essenciais. Ele fugiu do Tibete com a família durante a Revolução Cultural Chinesa e se estabeleceu na Índia. Logo depois, ocupou a posição de conselheiro espiritual da família real do Butão e tornou-se o pai espiritual de centenas de jovens monges, de quem ele carinhosamente cuidou em monastérios no Nepal e no Tibete.

Sua presença física era grandiosa e elegante e, ainda que ele estivesse na casa dos setenta quando eu o vi pela primeira vez, parecia que não estava submetido às forças do tempo, da idade ou mesmo de gênero. Antes de entrar em seu quarto, eu o havia imaginado como um velho homem sábio de quem eu receberia orientação espiritual. Mas, para minha surpresa, quando entrei em seu cômodo, o que mais me impactou – e é como me recordo dele até o dia de hoje – foi como ele encarnava, mais do que qualquer outra pessoa que eu havia conhecido, o espírito do maravilhamento. Ele não vivia em algum estado distante de absorção meditativa. Ao contrário, parecia comovido e encantado por tudo e todos ao seu redor, e respondia a tudo com curiosidade, ludicidade e gentileza. Naquele momento, eu pensei: "Isto deve ser para onde o caminho espiritual nos leva".

Eu desconfio que você viveu momentos em que seu mundo se abriu e você se sentiu completamente resolvida e livre. Pode ser que esses eventos tenham ocorrido quando você estava engajada em sua prática espiritual, ou enquanto ouvia uma música inspiradora, ou quando caminhava sozinha pelas montanhas depois de a neve ter caído. Algumas vezes, insight e confiança podem acontecer de forma surpreendente em meio a uma crise, levando você a um despertar profundo. Em outros momentos, um encontro breve com um estranho no metrô pode ser suficiente para sacudir você do cansado e familiar mundo onde vive. E, por alguns momentos, talvez perceba a si mesma brincando com a vida sem medo.

Você pode descrever um acontecimento como esse como um suspiro profundo e melancólico que libera compaixão e ternura; uma confiança feroz e inabalável; ou uma rendição a um desejo que parece ser insaciável e estar completamente preenchido ao mesmo tempo. Esses momentos de insight genuíno oferecem uma trégua da paisagem de insegurança, distração e medo que talvez você vivencie com frequência, incluindo todo o alheamento, a rejeição, o esgotamento e o apego neurótico. Pode ser que você note que em momentos de compreensão como essa sua mente habitual relaxa, permitindo que você desfrute da energia rica e dinâmica da vida. Você pode chamar isso de experiência religiosa, mas é também uma experiência profundamente humana. Você pode até chamá-la: graça.

Em contextos espirituais, nós comumente pensamos sobre "graça" como algo que nos é concedido. Uma vez, quando eu estava oferecendo uma palestra na Harvard Divinity School [Escola de Divindade de Harvard], alguém me pediu a definição de graça na tradição do Buda. "A graça é algo", um homem perguntou, "concedida a nós por algo externo – por uma presença divina? Ou é algo inerente à própria mente? Qual é o papel da graça ou da divindade na tradição não-teísta do budismo?" Essa pergunta levou a uma vívida discussão e tem continuado a iluminar minha própria prática e compreensão.

No espírito da tradição budista, sugeri que a graça surge de encontrarmos nosso lugar na relação com o mundo ao nosso redor. Pode ser que você espere que alguém ou algo derrame a graça sobre você. Pode parecer necessário um evento externo extraordinário e sagrado para evocar uma experiência de graça. Mas sua própria habilidade em reconhecer algo fora de você mesma e enxergar o seu valor é parte integrante da equação da graça. As qualidades de apreciação e humildade, que surgem como expressões naturais de sua própria mente, não são menos sagradas do que os objetos que fizeram com que elas emergissem. Afetar-se pela beleza e pela dor da vida em vez de tentar viver à margem delas cria graça.

Tudo isso para dizer que a graça não acontece em um vácuo, mas a partir do enlace entre sua consciência e o mundo que você encontra. A graça acontece quando você se percebe em uma relação sã com seu mundo.

A lógica da fé

Tudo se apoia

> *Se você consegue provar que uma afirmação é cem por cento verdadeira, ela não descreve o mundo.*
> – Bart Kosko parafraseando Einstein,
> em Fuzzy Thinking (Pensamento confuso)

    Há aqueles que desafiaram o senso de certeza de seus próprios pensamentos e percepções ao longo da história. Particularmente na virada do século vinte, o desenvolvimento tecnológico de microscópios e telescópios abriu as porteiras das nossas estratégias de percepção, transformando rapidamente nossas visões nos campos da ciência, filosofia, religião e arte.

    Apenas uma ou duas décadas antes disso, durante a segunda metade do século dezenove, um pequeno grupo de artistas franceses começou a questionar o modo pelo qual eles viam as coisas. Esses pintores, mais tarde conhecidos como impressionistas, passaram a incluir em seus trabalhos os muitos fatores interdependentes que influenciavam o modo como eles representavam seu ambiente visual. Eles tinham de se mover rapidamente para absorver as constantes mudanças na forma, no movimento e na luz, um rompimento com as técnicas de arte tradicionais daquele tempo. Em vez de enfatizar a precisão, o detalhe e a cópia do modo como os realistas faziam, eles pintavam salpicando cores, usando pinceladas visíveis, acentuando os efeitos da passagem do tempo, do movimento e da dimensionalidade da matéria ordinária como elementos cruciais da percepção humana.

    Uma vez fui a uma exposição no Grand Palais, em Paris, de uma coleção de algumas das maiores obras de Monet. O museu havia dedicado muitas salas para um bom número de representações de Monet da Catedral de Rouen, que ele pintou em mais de trinta momentos diferentes do dia e do ano. O que me impressionou enquanto eu vagarosamente me movia pelas salas do museu foi como as

O que é que eu sei?

pinturas refletiam sua fidelidade ao mundo observado – como se ele honrasse cada momento de percepção, perseguindo os efeitos da luz, dimensões e a atmosfera cambiante de seu próprio humor. Monet fez parte de um crescente movimento que colocou menos ênfase no que eles estavam vendo e mais ênfase em como estavam vendo. Suas pinturas transmitem o interminável continuum de mudança na forma e na percepção que se tem dela – a união e o desaparecimento dos infinitos elementos que constituem cada momento da experiência.

Nosso mundo segue mudando, e nós mudamos junto com ele. A afirmação de Bart Kosko no começo desta seção descreve isso muito bem. O fato de que você não é capaz de encurralar a verdade não faz com que suas percepções ou pensamentos se tornem vagos ou confusos. As pinturas de Monet são um tributo a isso. Acontece que, quanto mais você tenta ter certeza sobre as coisas, mais a vida segue se extravasando para além de suas crenças e ideias.

Você pode achar que sua falta de habilidade em capturar a verdade se deve a limitações de sua inteligência básica: que há respostas "lá fora", mas você ainda não as encontrou. No entanto, minha sugestão é que há uma razão pela qual você não é capaz de conhecer as coisas de modo definitivo, e ela tem a ver com a natureza das relações.

O Buda, no momento de seu despertar, teve um tremendo insight a respeito da natureza das relações, e foi a partir desse grande avanço que ele revelou o segredo do universo por meio de uma fórmula concisa e poderosa:

> *Isto sendo, aquilo se torna. Do surgimento disto, aquilo emerge. Isto não sendo, aquilo não se torna. Da cessação disto, aquilo cessa*[4].

---

4   Majjhima Nikaya II.32, uma escritura budista, o segundo dos cinco *nikayas*, ou coleções, no *Sutta Pitaka*, que é um dos três cestos que compõem o Tipitaka páli do budismo Theravada, composto entre o século III AEC e o século II EC. Este nikaya consiste de 152 discursos atribuídos ao Buda e seus discípulos chefes. Aqui utilizei uma tradução do livro de Joanna Macy, *Mutual Causality in Buddhism and General Systems Theory* (Albany, NY: State University of New York Press, 1991), 53.

A lógica da fé

O Buda está se referindo aqui à forma pela qual todas as experiências materiais e de consciência surgem, se expressam e desaparecem devido à multiplicidade de causas e condições. Esse é o princípio natural que identificamos como pratityasamutpada, ou "surgimento dependente".

Para ilustrar o surgimento dependente, o Buda usou o exemplo de dois feixes de bambu apoiando-se um contra o outro. Se alguém derrubasse um dos feixes, o outro também iria naturalmente ao chão. Tudo se sustenta graças a alguma outra coisa: "Isto sendo, aquilo se torna", e porque isto cai, aquilo cai.

Você pode encontrar muitas traduções para o termo *pratityasamutpada*: "surgimento dependente", "a grande natureza da contingência", "interser", "gênese condicionada", "originação dependente", apenas para nomear algumas. Mas todos esses termos se referem simplesmente à maneira pela qual todas as coisas se expressam por meio da natureza das relações contingentes. Em outras palavras, é porque tudo se apoia que o mundo se move e podemos experimentá-lo.

Nós poderíamos simplesmente usar o termo *relações* para descrever o princípio de pratityasamutpada, mas, nesse contexto específico, há uma tendência comum de que a sutileza do significado dessa palavra seja mal interpretada. Por exemplo, comumente nos referimos a alguém "em uma relação" quando ele ou ela está saindo com outra pessoa de forma consistente. Em outras palavras, nós vemos coisas ou pessoas como às vezes estando em uma relação, às vezes não. No contexto desses ensinamentos, no entanto, tudo está sempre em relação. De fato, você quase poderia dizer que, em certo sentido, tudo é feito de relações.

Todas as coisas – desde a menor partícula de matéria a um momento de consciência ou até algo maior e mais denso como uma rocha – surgem, se expressam e desaparecem na dependência de outras. Resultados são contingentes a causas; o que nós chamamos de

O que é que eu sei?

coisa – seja ela material ou do campo da consciência – é constituída por elementos ou momentos mais finos; e um momento de cognição surge na dependência de seu correspondente objeto de percepção.

Eu seu livro *World as Lover, World as Self* (*O mundo como amante, o mundo como eu*, sem tradução em português), a ecologista profunda, ativista ambiental e estudiosa budista Joanna Macy traduz *pratityasamutpada* como "dependência mútua" e a descreve como "uma dinâmica recíproca brincando". O poder da dependência mútua, ela explica, não é controlado por nenhuma entidade dominante, mas é a expressão dinâmica das relações entre todas as entidades, e é isso que faz com que tudo aconteça.

Uma vez que tudo se apoia, não podemos nos separar do mundo que nós experimentamos. Por um momento, tente se imaginar como uma entidade verdadeiramente independente, com nenhum tipo de relação com qualquer coisa que seja. Se você estivesse fora da natureza da contingência, como iria perceber a informação por intermédio de seus sentidos, sentir dor ou prazer, ou se comunicar por meio da linguagem? Você talvez se perguntasse como você sequer se moveria, porque o movimento por si mesmo requer uma multiplicidade de partes físicas inter-relacionadas trabalhando juntas, buscando equilíbrio no campo gravitacional.

Sem dúvida, você irá descobrir que é impossível até mesmo imaginar ser independente do mundo ao seu redor porque, se fosse realmente independente – como oposto a interdependente –, você ficaria inerte e não poderia experimentar absolutamente nada. Mas não tome isso tudo como sendo verdade, simplesmente. Tente separar você mesma de tudo que você conhece, sente, pensa, vê, ouve, cheira e saboreia. Ao ver que isso não é possível, você ganhará confiança em pratityasamutpada por meio de sua própria experiência direta.

Mesmo que por meio da investigação você perceba que não pode separar a si mesma do mundo que experimenta, ainda pode supor que, porque você identifica as coisas por suas características, elas devem ter ao menos alguma verdade ou existência independente por si próprias. Então, deixe-me desafiar essa sua suposição ao apresentar um exemplo divertido, que pode ajudá-la a entender como as características que designamos às coisas dependem de seus respectivos contextos.

Se fosse comparar um palito de dente com uma farpa de madeira – daquele tipo que às vezes entra no dedo –, você provavelmente diria que o palito de dente é longo e a farpa é curta. Mas, se segurar o palito de dente perto de um galho de árvore, você teria de dizer que, em comparação, o palito é curto. O fato de o palito de dente encontrar o seu tamanho apenas na relação com outras coisas mostra que seu tamanho depende do contexto e que, portanto, o palito não tem um tamanho inerente a ele mesmo. Você pode argumentar que, como a maior parte das pessoas identifica as qualidades de um palito de dente de maneira similar, ele deve possuir algum tipo de verdade objetiva por ele mesmo. Mas o que nós chamamos de *palito de dente* é um acordo linguístico relativo baseado na utilidade que designamos para ele.

De fato, eu vergonhosamente admito que, quando fico um pouco obsessiva por limpeza, uso palito de dente para chegar aos lugares mais escondidos do meu refrigerador e outros aparelhos domésticos. Apenas porque nós os chamamos de palitos de dente não significa que essas coisas, que a maior parte dos falantes da nossa língua descrevem como maiores que farpas e menores que galhos de árvore, tenham propriedades intrínsecas de palito de dente, tais como tamanho, formato pontudo, função ou nome.

Porque tudo se apoia, o mundo não se permite ser conhecido de um modo determinado, e ainda assim, como você pode ver, isso não significa que as coisas percam seu poder de distinção. De fato, isso nos mostra que as coisas encontram definição, significado e utilidade apenas em relação com outras coisas. O que isso nos faz ver?

O que é que eu sei?

Faz-nos ver que aquilo que pensamos ser "o que é" será sempre uma aproximação vaga da insondável dança das relações interconectadas. Quando você pensa nas coisas desse modo, fica mais atenta para o mundo e para como você se move por dentro dele.

Emergindo de não perceber

> *A minha experiência é de que o mundo por si mesmo tem um papel a desempenhar em nossa liberação. Suas próprias pressões, dores e riscos podem nos fazer acordar – nos liberar dos limites do ego e nos guiar de volta para casa, para nossa vasta verdadeira natureza.*
> –Joanna Macy, World as Lover, World as Self

Ainda que talvez não pense sobre isso enquanto se movimenta por sua vida, você tem uma relação íntima e natural com pratityasamutpada. Você obedece ao persistente elo entre causa e efeito quando se põe de pé para ir ao trabalho todos os dias a fim de pagar suas contas; você sabe que, se deixar cair um copo em uma superfície dura, ele irá se estilhaçar; e, quando seu carro quebra e você tem de consertar, você não pensa duas vezes sobre o fato de que ele é feito de partes. Nós todos, por vezes, fazemos escolhas descuidadas sem refletir a respeito de suas consequências. Por exemplo, pode ser que sobrevivamos à base de café e *donuts* por anos sem considerar conscientemente o que isso pode causar ao complexo e responsivo organismo que chamamos de corpo.

Na medicina ayurvédica, há um termo em sânscrito para isso: *prajna aparadha*. Prajna aparadha pode ser traduzido como ações que "sabotam a prosperidade" ou poderia ser definido de forma livre como "crimes contra a sabedoria". Em certos contextos espirituais, refere-se especificamente a quebrar votos que foram tomados para manter a pessoa dentro das fronteiras de sua própria intenção para o despertar. Fundamentalmente, prajna aparadha alude a escolhas feitas por você que desonram sua inteligência básica: desde os momentos em que o mundo lhe oferece sinais aos quais você não presta atenção até os muitos momentos em que você vive em um estado de miopia no qual não reconhece a si mesma como parte integral de uma sensível e vívida matrix interconectada.

Porque tudo se apoia, o mundo lhe dá retorno. Pode ser que você use termos como *feedback* ou *carma* para descrever a conexão entre causas específicas e seus resultados. Mas, se observar de perto a natureza do surgimento dependente, você verá tudo como efeitos que reverberam os infinitos elementos que se reúnem e desaparecem a cada momento. A forma como você, enquanto indivíduo, experimenta esse movimento contínuo configura o fluxo de eventos que você chama de vida.

Decerto, alguns desses eventos se desenrolam de acordo com suas preferências, enquanto outros não. Quando você não gosta de como as coisas saem, pode ser que aponte seu dedo para aquela que seria a fonte única de sua desgraça. Mas, de maneira mais ampla, não há nada para culpar a não ser o jogo dinâmico de infinitos elementos – a atividade da grande rede da contingência, da qual você é parte integral.

Uma vez que você entendeu que este mundo de aparências e possibilidades[5] não está limitado ao modo como você o percebe, pode ser que fique menos neurótica em relação às suas próprias verdades. Você pode ver, em primeira mão, como a ampliação de suas lentes trabalha contra sua tendência habitual de se fechar em conhecer as coisas de maneira fixa ou determinada, e como isso também a leva a uma abordagem de menos reação e mais resposta diante das coisas. Ao se dar conta de como suas escolhas e atitudes modelam sua vida, você adquire um insight agudo sobre os padrões sutis, mas vitais, que influenciam suas experiências de sofrimento e liberdade.

---

5   A tradução de Richard Barron para a palavra tibetana *nang-sal*, um modo descritivo de falar de todos os fenômenos, tanto os do âmbito da consciência quanto os materiais.

O que é que eu sei?

Neste livro, nós iremos continuamente nos fazer muitas perguntas a respeito de como viver uma relação harmoniosa com o mundo ao nosso redor. Observaremos os mecanismos de entrar e de sair de uma experiência de graça. É fato consumado que seres humanos anseiam por um senso de paz e significado na vida – isso não está sendo questionado aqui. Mas *como* buscamos por felicidade é algo que precisa ser profundamente examinado, porque o modo como vivemos nossas vidas é muitas vezes antagônico às nossas intenções mais profundas.

Em nossa procura por bem-estar, gastamos muito tempo focados em nossas próprias necessidades individuais e esquecemos que nossa saúde emocional e física está inescapavelmente ligada ao mundo no qual vivemos. Quando despertarmos de nossa autoabsorção, veremos que é impossível identificar onde nós – enquanto indivíduos – terminamos e onde o mundo começa; veremos que estamos, de fato, inescapavelmente conectados. Quando passamos a notar o mundo ao nosso redor, nosso desejo de deixar a vida nos afetar irá aumentar e responderemos de forma natural aos outros com um sentimento de parentesco e ternura.

Observando a interdependência, emergimos da complacência de não notar. Por exemplo, recentemente uma infinidade de tragédias envolvendo os elementos têm nos chacoalhado para que despertemos enquanto sociedade: escassez de recursos, mudanças severas nos padrões do clima, toxicidade ambiental. Obviamente, nunca houve um tempo em que nós não tenhamos experimentado as consequências de nossas ações. Mas, em um sentido coletivo mais abrangente, esses desafios globais estão sendo nossos guias para gerarmos uma nova consciência sobre o delicado e inegável vínculo que compartilhamos com nosso planeta e os outros seres.

Parte da crescente preocupação sobre a questão ambiental surgiu quando humanos presenciaram, pela primeira vez, imagens da Terra vista do espaço – um presente apenas recentemente oferecido à nossa percepção. A primeira fotografia da Terra completamente iluminada foi feita em 7 de dezembro de 1972, e continua sendo possivelmente a imagem fotográfica mais amplamente difundida na história humana. Por conta de sua aparência vitrificada, a imagem ficou afetuosamente conhecida como "Bola de gude azul".

Nas décadas que se seguiram à introdução dessa referência visual em nossa cultura, nossa relação com o planeta mudou radicalmente. A imagem nos revelou que o solo no qual nos apoiamos e a atmosfera que nos protege das poderosas forças do universo externo são mais frágeis do que havíamos imaginado. Ela nos forçou a refletir sobre o impacto do consumo humano e o modo descuidado com que temos nos relacionado com o ambiente que nos cerca. A imagem continua a servir como um ícone de uma nova consciência global que energizou a investigação sobre como podemos proteger, e não violar, nosso relativamente pequeno e precioso lar.

Os sinais diretos e inegáveis que recebemos como respostas ao desequilíbrio nos sistemas naturais podem mudar o modo como entendemos a evolução humana. Em vez de vermos a evolução como um processo de crescimento linear, pode ser que consideremos que talvez a evolução humana tenha mais a ver com *emergir do não notar* – um retorno às tradições de sabedoria de nossos ancestrais, que reconheceram a intrincada e recíproca relação que eles tinham com seu mundo. Aqui não estou falando apenas do mundo físico – nosso planeta –, mas também do modo como vivemos nossas vidas e como nos relacionamos com todas as coisas que encontramos.

A interdependência oferece-nos um novo modo de olhar para as coisas ao nos projetar para fora do estreito túnel da autoabsorção em direção a uma consciência mais ampla. Mostra-nos como viver em uma relação de sanidade com nosso mundo, em graça. Essa compreensão não está apenas inextricavelmente conectada à nossa sobrevivência, mas também à sanidade básica e ao insight.

Delusão, realidade e ilusão

> REAL: *designa o que quer que seja considerado como tendo uma existência de fato, e não meramente em aparência, pensamento ou linguagem: tendo uma existência absoluta, em contraste com uma existência meramente contingente.*
>
> –Dicionário Oxford de Língua Inglesa

O fato de tudo se apoiar implica um mundo de interconectividade infinita. Mas também implica que o que nós pensamos ser "o mundo" está longe de ser uma verdade coletivamente consensual; ao contrário, o mundo é, na verdade, algo extraordinariamente diverso na miríade de modos em que nós individualmente o percebemos e interpretamos. Você já parou para imaginar como seria ver o mundo através dos olhos de outra pessoa? Ou mesmo através dos olhos de outra espécie? Quando você para para pensar desse modo, determinadas perguntas podem surgir: se nós experimentamos as coisas de maneira tão divergente, como estabelecemos ou identificamos a verdade? Como conseguimos fazer uma distinção entre delusão, realidade e ilusão?

De modo geral, a delusão se refere a uma percepção imprecisa da realidade. Nós podemos identificar os sintomas da delusão em casos nos quais alguém experiencia a realidade de um modo que ninguém mais o faz ou quando alguém sustenta crenças idiossincráticas que se contrapõem a acordos consensuais ou realidades compartilhadas por grupos ou sociedades específicas. Frequentemente associamos delusão a problemas mentais. Por exemplo, pode ser que você esteja tomando o metrô em direção ao trabalho e alguém sentado ao seu lado demonstre claros sinais de estar experimentando um mundo cheio de perigos – que você não vê – e onde tudo que essa pessoa encontra parece estar conspirando contra ela.

A lógica da fé

Em casos como esse, a delusão parece bastante óbvia, mas, se você olhar mais atentamente, pode descobrir que a linha divisória entre realidade e delusão não é tão fácil de localizar. O que significa algo ser real? Quais são os critérios para ser real? O que parece real em seu mundo? Você pode supor que as coisas reais são aquelas que existem simplesmente de acordo com os fatos. Você pode acreditar que algo é real simplesmente porque o está experimentando. Você pode designar realidade a objetos que lhe evocam fortes sentimentos de excitação ou raiva, ou pensar que o fato de você experimentar sua vivacidade, carga e intensidade é uma indicação de que seus sentimentos são reais. Você poderia argumentar que qualquer coisa densa ou sólida ao toque é real – mas o que dizer sobre fenômenos menos substanciais como a música, a névoa ou uma experiência de fé ou fascínio? Você diria que essas coisas são reais?

Você também pode usar o termo *real* para descrever alguém que você acredita ter a qualidade da autenticidade, que parece não esconder o jogo, ou que age com motivação genuína. Você pode atribuir realidade a qualquer coisa que seja capaz de exercer uma função, ou talvez atribua realidade a algo constituído de um único elemento, como um objeto feito de substâncias puras – "é *real*mente ouro". Talvez você suponha que haja um padrão para algo ser real, mas, de fato, algum de nós vê qualquer coisa que seja exatamente do mesmo modo? Quando você começa a olhar mais atentamente, tudo começa a ficar um pouco ambíguo.

Quando passa a considerar que o que é tomado como realidade depende de um contexto, você talvez comece a suspeitar de que as coisas não têm mesmo uma existência objetiva. Outro modo de colocar isso é que as coisas não possuem características intrínsecas por si mesmas. Nós estabelecemos a realidade com base em percepções e acordos consensuais. Por exemplo, se eu lhe pedisse que imaginasse "o mundo", o que viria à sua mente? O que você vê? Talvez você tenha memórias visuais do que assistiu no noticiário pela manhã, ou quem sabe evoque imagens pessoais de seu local de trabalho, família ou a

O que é que eu sei?

cidade na qual vive. Talvez venha à sua mente imagens públicas que já tenha visto, como a fotografia Bola de gude azul. Talvez você aceite essa imagem universal do planeta Terra como a referência visual definitiva do que é o mundo, mas, se pensar mais um pouquinho, a perspectiva de ver a imagem da Terra inteiramente iluminada desde o espaço apenas se tornou disponível para nós a partir de 1972. De fato, há muitas pessoas que sequer têm contato com o conceito de que o mundo é redondo.

Uma vez uma mulher em uma área remota do Nepal me perguntou quanto eu tive de caminhar para chegar até sua vila. Eu usei uma laranja para demonstrar a distância entre as nossas duas "vilas". Mas ela não fazia ideia do que eu queria dizer, porque ela não tinha contato com o conceito de um mundo redondo. No entanto, sua habilidade de cultivar a própria comida e viver de forma simples com contentamento me mostrou que ela tinha uma relação profunda e conectada com seu mundo, não menos correta que a minha.

Nem todas as criaturas da Terra veem o mundo como nós humanos o vemos. Uma fotografia da Terra não significaria nada para um cavalo, um cachorro ou um pássaro. Eles não têm nenhum desejo ou habilidade de dar um passo para fora de onde estão posicionados e ver como este lugar seria se olhado a partir de um ponto de vista privilegiado. Eles ocupam seu tempo buscando grama e sementes, brincando e protegendo-se do perigo. O que consideramos como uma compreensão verdadeira do nosso planeta – nosso globo luminoso – é uma maravilha humana. Podemos argumentar que temos a mais precisa percepção do mundo graças a nossa habilidade de nos afastar das coisas para poder ganhar perspectiva. Nós podemos olhar para o espaço através de um telescópio, ou penetrar fronteiras enganosamente sólidas vendo a vida por meio de um microscópio, e também podemos ver o interior de um corpo humano através de raios X, mas isso não significa que nossa visão é a expressão última de como as coisas são. Enquanto espécie, enxergamos a partir de lentes muito particulares, conduzidos pelo impulso humano de continuamente aprender e descobrir coisas novas. Então, nunca haverá o mundo – mas um continuum de experiências relativas e mutáveis que dependem de nosso ponto de vista particular.

Por favor, não me interprete mal: eu não estou questionando o valor do espírito de investigação ou o mérito da exploração e das descobertas científicas – o prazer, o potencial e a maravilha que há nisso. Tampouco estou abnegando a importância de nossas percepções e acordos humanos coletivos sobre nosso lugar dentro do cosmos. E definitivamente não estou refutando a percepção comum de que o mundo é redondo (ou elíptico). Concordamos sobre isso de modo consensual. Mas eu reconheço sim que mesmo a noção de algo ser redondo é um acordo que nós humanos sustentamos a partir do modo pelo qual, enquanto espécie, vemos as coisas e como as nomeamos. Além disso, o que sabemos sobre nosso planeta e sobre o universo são informações que foram reunidas em um milissegundo cosmológico e está longe de ser algo conclusivo. No reino da ciência, nós fomos de uma terra plana para uma terra redonda, de um universo que tem limites para um universo em expansão, depois para um multiverso que, por sua vez, contém infinitos multiversos, e seguimos assim, em um tempo impressionantemente curto. Podemos ter a visão de um explorador interno ou externo – a visão de um especialista ou a visão de um principiante –, mas essas verdades que sustentamos permanecerão sempre sendo apenas visões.

Para encontrar, então, uma realidade objetiva em razão de sua verdade, nós todos teríamos de experimentar as coisas exatamente do mesmo modo. Mas não é assim que acontece. Cada um de nós tem histórias diferentes e formações biológicas e psicológicas que mudam a cada momento. Sempre veremos o mundo de forma diferente de todos os outros e, mesmo dentro do continuum de nossa própria consciência, nós nunca iremos experimentar qualquer coisa mais de uma vez exatamente do mesmo modo. O fato de nossas experiên-

O que é que eu sei?

cias serem tão diversas entre si explica por que temos um mundo tão abundante em expressões criativas, e também em conflitos. E, apesar de desfrutarmos de raros momentos nos quais nos sentimos em sincronia perfeita com as ideias dos outros, tais momentos nunca parecem durar, e as diferenças continuam a nos lembrar de que a comunicação será sempre imperfeita e incompleta.

Considerando que todos nós experimentamos a vida de forma diferente, é espantoso que sejamos até mesmo capazes de nos comunicar. E ainda assim nós damos um jeito de achar alguma ordem e coesão para fazer a interação acontecer. Podemos referenciar coisas e criar sistemas que nos permitem funcionar consistentemente enquanto grupo e sociedade. Criamos linguagens para nos comunicar uns com os outros baseados em sons arbitrários que chamamos de palavras. A linguagem funciona porque nós concordamos coletivamente em conectar palavras a objetos específicos ou associá-las a certos sentimentos ou experiências. Falar de uma realidade independente da descrição que fazemos dela é algo totalmente sem sentido. Mas o fato de a linguagem não possuir uma verdade inerente não parece inibir nossa habilidade de nos comunicarmos de modo eficaz (ao menos até certo ponto). Não nos impede de escrever e-mails e poemas ou de expressar como nos sentimos. Nesse sentido, a linguagem é como uma aparição altamente funcional. Apesar de não possuir nenhuma verdade inerente, é uma das maneiras mais primárias de participarmos da vida.

Nos ensinamentos budistas tradicionais, os grandes mestres descrevem a aparição fantasmagórica que nós chamamos de vida e de mundo usando uma série de metáforas: um arco-íris, o truque de um mágico, um eco, um sonho, uma miragem.

Na pitoresca cidade onde vivo, Crestone, no Colorado, muitas comunidades espirituais construíram templos e monumentos sagrados aos pés da cadeia de montanhas Sangre de Cristo. Em tardes de verão chuvosas, se você ficar de ouvidos atentos apenas por alguns instantes enquanto aguarda na fila do nosso mercado, é bem possível que escute diferentes grupos de pessoas, advindas dessas muitas diferentes comunidades, dizendo: "Você viu o arco-íris sobre *nosso* templo hoje?". Todos sabemos que a localização de um arco-íris sempre depende de onde você está, é claro. A depender de onde se posiciona, você verá o arco-íris em lugares inteiramente diferentes. Você nunca consegue passar por baixo de um arco-íris ou encontrar sua verdadeira localização; arco-íris são impossíveis de localizar, insubstanciais e sem nenhuma pontinha de realidade. Ainda assim, os arco-íris aparecem vividamente aos nossos sentidos como um jogo de relações contingentes. Como todas as coisas, eles surgem quando causas e condições específicas se unem e, em seguida, desaparecerão quando essas relações mudam.

O fato de as coisas serem ilusórias não impede um mundo funcional e aparente de surgir e produzir insondáveis manifestações que cada um de nós experimenta de forma única, com toda sua dor, beleza e potencial criativo. O fato de uma coisa não existir intrinsecamente não desabilita seu potencial e nossa habilidade em senti-la e experienciá-la. Exemplos como sonhos e arco-íris ilustram que coisas não têm de ser reais para poder funcionar.

Neste ponto, eu gostaria de fazer uma distinção entre ilusão e delusão. No contexto destes ensinamentos, ilusão se refere a ver através das aparências ao reconhecer sua natureza interdependente. Delusão, por outro lado, se refere a equivocadamente achar que as coisas têm uma realidade independente por si próprias. É importante ser capaz de fazer uma distinção entre a natureza das coisas e o modo pelo qual elas aparecem. Se não desenvolvermos alguma esperteza a respeito da mente e seu mundo, nós seremos frequentemente dominados pelo que supomos ser real e nos perderemos no momentum de reatividade ou na convicção de estarmos certos. Compreender equivocadamente a natureza ilusória e incontrolável de nossos mundos internos e externos como real é a descrição da delusão no contexto dos ensinamentos sobre pratityasamutpada. E neste sentido, sinto dizer, estamos todos um pouco deludidos.

A vida fora da nossa história

> *Quando ameaçados ou machucados, todos os animais recorrem a uma "biblioteca" de respostas possíveis. Nós nos orientamos, nos esquivamos, nos escondemos, endurecemos, aguentamos, nos retraímos, lutamos, voamos, congelamos, colapsamos... É quando essas respostas de orientação e defesa se esgotam que vemos o trauma.*
> –Peter Levine

Uma das formas de você observar o efeito de se fixar a coisas como sendo reais é por meio da contração física, emocional e conceitual. A contração, por si só, não é necessariamente um problema. O coração, por exemplo, precisa contrair-se para bombear sangue, e nós precisamos de materiais que condensem e enrijeçam, como o cimento, para construir fundações firmes. Quando nós respiramos, se nossos diafragmas não se contraíssem durante a exalação, como eles poderiam expandir quando precisássemos inalar? Poderíamos definir *contração* como o estreitamento das fronteiras, a condensação de substâncias energéticas ou materiais, ou o congelamento ou adensamento de elementos conscientes em ideias e crenças. Nós contraímos quando recuamos ou nos retiramos das relações.

Todas as criaturas conscientes se contraem quando se sentem ameaçadas ou com medo. Uma tartaruga instintivamente se retira para dentro de seu casco por alguma razão. A contração tem um propósito escudeiro e protetor na natureza, mas, como um modo de estar na vida, a contração pode ser um obstáculo à nossa conexão com o mundo que nos cerca. De tal modo que poderíamos dizer que a contração nos faz andar na direção oposta ao insight liberador de pratityasamutpada.

A lógica da fé

Muitos de nós vivemos em um estado de contração a maior parte do tempo. Claro, uma vez que as coisas se apoiam umas nas outras, ninguém consegue se retirar da atividade da interdependência, mas podemos – e com frequência o fazemos – nos proteger contra a vida. A energia dinâmica do nosso mundo segue se movendo, nos oferecendo respostas, nos chacoalhando para afrouxar nossos parafusos, e nossa resposta é continuamente apertá-los. Cansativo, não é?

Nós chamamos essa experiência de ansiedade e tensão física e energética de *estresse*. Contraímos quando a quantidade esmagadora de estresse nos atordoa, nos levando à inatividade ou reatividade, e isso nos impede de olhar para além das tensas fronteiras de nossos pensamentos e emoções. Há momentos em que tudo ao nosso redor parece hostil e pouco amigável, e os menores e mais insignificantes eventos parecem enormes e impossíveis, fazendo-nos sentir pequenos demais para nossa a vida. A contração que surge pode restringir nossa perspectiva de tal modo que nós literalmente nos retiramos da possibilidade de participar e de sentir nosso mundo.

Talvez você tenha notado que possui maneiras sutis de recuar da vida. Pode ser que isso se mostre como um sentimento de indiferença em relação a tudo que se passa ao seu redor, de tal modo que, no final de cada dia, parece que nada mudou, como se sua vida não tivesse tocado você. Quem sabe você se deixa levar por uma necessidade urgente de distração, se perca no vício em alguma substância ou mesmo no vício em ver televisão. Em alguns momentos, talvez você colapse em um estado congelado e imobilizado de medo, ou tome para si a impossível responsabilidade de manter a vida emocional de todo mundo em harmonia, ou desenvolva padrões narcisistas que a mantêm refém de seu próprio drama diário. Submersa em suas próprias realidades míopes, você pode passar a vida inteira achando que elas são verdadeiras.

O que é que eu sei?

Trauma é uma palavra forte que nós normalmente associamos a sofrimento extremo. Mas o trauma pode ser capcioso e difícil de reconhecer. De fato, é de se duvidar que se passe pela vida sem algum trauma. Nós experimentamos trauma quando não conseguimos sair de uma situação ou relação perigosa ou doentia, quando ficamos perplexos diante de uma catástrofe inesperada, ou quando em nossa vulnerabilidade e inocência nós não temos a clareza e a força emocional necessárias para dar sentido ao que está acontecendo ao nosso redor.

Quando somos incapazes de ingerir e processar a experiência, desenvolvemos crenças sobre nós mesmos e sobre o mundo e as carregamos por toda a vida. Nós geralmente pensamos que crenças são ideias, mas, na verdade, mantemos crenças em nossos corpos emocionais, energéticos e físicos também. Nossa postura e o modo como vivemos espelham padrões inconscientes de confusão que se instalam a partir de verdades não avaliadas. E nós, por nosso lado, percebemos o mundo como o reflexo desses padrões, e isso os reforça e faz com que nos fixemos às histórias que surgem sobre eles.

Por exemplo, por causa de um trauma de infância, uma pessoa pode andar pela vida se perguntando desesperadamente: "Quem se importa comigo?". Pode ser que ela continuamente se veja como tendo sido abandonada ou ignorada. Outra pessoa pode lutar contra a baixa autoestima e se sentir diminuída ou ineficaz, e se perguntar por que este mundo parece tão duro, por que suas relações a atormentam, ou por que seu trabalho é tão penoso. Quando estamos entrincheirados em nossa própria confusão, nós sequer questionamos a base dessas realidades ou, se o fazemos, costumamos achar difícil nos ver livres dela. Depois de um tempo, essas realidades começam a parecer a própria norma.

Eu trago tudo isso à tona porque, na tradição de prática do surgimento dependente, como você verá, questionaremos a certeza e a verdade de nossas crenças. Pode ser que pense que, no caso do trauma, questionar suas crenças seria como desprezar ou negar o trauma pelo qual você passou. Mas pergunte-se o seguinte: questionar crenças necessariamente reduz sua habilidade de resposta ao sofrimento? Esse questionamento impede você de se afastar de situações perigosas ou nocivas, ou implica que você deveria virar as costas para a doença, a violência ou o abuso? Seres humanos sobrevivem a sofrimentos inimagináveis. Todo mundo tem uma história. Eu sempre fico abismada quando vejo o que as pessoas enfrentam e quão resilientes elas podem ser.

Mas há momentos em que você talvez se pergunte se apenas sobreviver é suficiente e, se não for, o que pode fazer a respeito. Se quer emergir da confusão, você terá de explorar as suposições profundamente enraizadas que tem a respeito de sua mente. Você precisará identificar suas crenças, questioná-las e ver como elas a carregam. E ainda que considere estar muito certa sobre você mesma, suas relações e os acontecimentos de sua vida – mesmo que uma multidão concorde que você está equivocada –, você terá inevitavelmente de avaliar a verdade e a realidade de suas histórias e ver o quanto elas lhe servem ou não.

Em certo sentido, explorar suas crenças pode ser comparado a se aventurar fora da segurança de sua casa e ver como o mundo funciona. Talvez você precise se distanciar do que é familiar para poder se abrir para uma descoberta mais ampla. Quando você começa a flertar com a ideia de que talvez haja vida fora de sua história, talvez tenha o liberador insight de que não importa quão empacada você se sinta e quão sombrias as coisas pareçam, a fixação sequer é uma possibilidade em um mundo cuja única característica confiável é o movimento e a mudança. De fato, quando você para um pouco e olha mais atentamente para as coisas, pode descobrir que todas essas crenças que parecem assombrar você e causar tanta tristeza na verdade compartilham uma qualidade espetacular e redentora: elas não são verdadeiras. Em outras palavras, você não está condenada.

O que é que eu sei?

Além das aparências

> *Não deixe que a aparência das coisas ofusque a natureza delas.*
> *–Dzigar Kongtrul Rinpoche*

Quando você começa a examinar suas crenças mais básicas, pode se surpreender com quão profundamente você se entrega às aparências – o quanto você geralmente não as questiona ou sequer considera a ideia de observar como elas a capturam com a aparente realidade de suas histórias. Meu professor, Dzigar Kongtrul Rinpoche, descreve isso como a confusão da "aparência das coisas ofuscando a natureza delas".

Quando sentimos raiva, por exemplo, um falso sentimento de certeza surge a respeito do objeto que consideramos como uma ameaça ou como a causa de nossa agressividade. A raiva tem sua lógica própria. A pessoa com quem você divide a casa deixa suas roupas no chão: "Ela não se importa? Não vê que eu moro aqui também?". Uma sensação desconfortável surge das profundezas de seu ser, seus motores começam a esquentar, como quando você acidentalmente pisa no acelerador enquanto o carro ainda está estacionado: vrum... A partida é lenta, mas começa a ganhar velocidade e momentum. Vrum, vrum... Cenas confirmando a negligência de sua companheira de casa aparecem diante de seus olhos. Padrões de comportamento entram em foco: pratos sujos na pia, farelos no balcão, aquela coisa mofada na geladeira. "Ela achava que eu iria limpar isso? Por que toda a responsabilidade sempre cai sobre mim?" Vrum, vrum, vruuum!

A trama fica mais densa, ganha momentum. As coisas estão se movendo rapidamente. Você percebe que está corando e tem de tirar a jaqueta. Tudo começa a fazer sentido; a história começa a se solidificar. Como você pôde não notar o que tem sido tão óbvio? Vrum... Você esteve cega a toda essa dinâmica! Vrum! A energia deste novo paradigma emergente ganha foco. Você agora está cavalgando intensamente na claridade de sua lógica e, embora possa dizer que a situação não lhe agrada, estar certa traz uma sensação revigorante – de estar viva até. Você percebe um senso de propósito e de certeza renovados em sua vida. Vrum!

Neste momento do jogo, uma vez que tem todas as provas de que precisa para o caso, você provavelmente não questionará a natureza de sua agitação ou como vê a pessoa com quem divide a casa. Por que faria isso? Investigar a situação mais a fundo significaria desconsiderar padrões de comportamento que você vê com seus próprios olhos – iria trair a confiança que você tem em seu próprio discernimento. Nunca! A evidência direta está bem diante de você – as roupas dela estão incontestavelmente espalhadas pelo chão. Esta é a gota d'água que faltava para você colocar em marcha seu plano: ela tem um mês para encontrar outro lugar para morar.

Mas espere. Por que você – antes de enviar aquele e-mail raivoso ou deixar um bilhete desaforado – não para aqui por um momento e se faz uma pergunta: "Eu me sinto completamente confortável com a direção que isso está tomando?". Se sua resposta for não, vamos rebobinar um pouco e rastrear como tudo isso ganhou essa dimensão.

Antes de você se dar conta da verdade a respeito de sua amiga – antes de aquela faísca inicial que chamamos de pensamento tomar conta de você –, o que você estava fazendo? Talvez estivesse se preparando para sair. E talvez você estivesse se sentindo superbem. Então, quando estava prestes a pegar os sapatos, você quase tropeçou nas roupas dela. Você poderia ter feito qualquer coisa – era um momento de potencial ilimitado. Mas, em vez disso, tornou-se um momento de confusão. Você perdeu o panorama geral, e seus pensamentos dispararam junto com aquela roupa suja, proliferando um universo hiperbólico, em constante expansão e completamente desabrochado, fortalecido por fortes emoções e uma história bem montada. Mas ela não parece tão bem montada agora. De fato, quando você reflete sobre o que passou, a história parece inconsistente, arbitrária e – francamente – terrivelmente distorcida. Isso que soou como uma nova realidade para você foi apenas um salto quântico enquanto se preparava para dar um passeio. Você começa a introduzir um pouco de dúvida no que diz respeito à veracidade de sua história. No fim das contas, talvez não seja o caso de enviar aquele e-mail desaforado.

Ainda profundamente imersa em seus pensamentos, você entra na cozinha. Para sua surpresa, lá está ela – a pessoa com quem divide a casa – inocentemente segurando uma xícara de café que acabou de fazer: para você. Ela não tem ideia de por onde você andou. De maneira alguma ela parece ter qualquer objetivo oculto de arruinar sua vida. Talvez ela não seja uma pessoa tão horrível afinal. Graças a esse gesto simples e gentil, o poder do argumento anterior instantaneamente se deteriora, e você lembra que ela é, de fato, sua melhor amiga.

Isso tudo parece excelente, mas talvez você ainda tenha um assunto pendente: ela não apanhou as roupas. O que você faz agora? Apenas as apanha você mesma? Antes, quando ela era a vilã em seu drama, a solução era fácil: você tinha de proteger seu território. Mas, agora que ela é sua melhor amiga de novo, seria errado falar desse assunto? Esta ambiguidade a desloca para fora do jogo, e você começa a duvidar de suas percepções – de seu discernimento – completamente.

Você pode interpretar esta falta de exatidão como uma perda de direção, mas seria mesmo melhor tentar resolver o problema a partir daquele estado de certeza inabalável – quando você tinha uma falsa sensação de confiança a respeito da situação? Talvez essa nova incerteza aproxime você da verdadeira natureza de sua amiga: você não pode dizer que ela está totalmente certa e, ainda assim, não pode dizer que está errada. Sim, você pode identificar padrões de comportamento que precisa abordar, mas muitas causas e condições parecem ditar o fluxo da situação, como aquela xícara de café. As coisas seguem mudando, e seus pensamentos e percepções mudam junto com elas, forçando você a incluir percepções discrepantes naquilo que anteriormente considerou como uma "coisa certa".

O filósofo e erudito budista Herbert Guenther tinha um termo para a natureza incognoscível das coisas e a mente que a percebe. Ele as chamava de "dimensionalidade aberta". Se você coloca sua atenção nisso, pode ficar surpresa com a capacidade que sua consciência tem de acolher sem conflito muitas ideias e impressões aparentemente contraditórias.

Você pode encontrar a dimensionalidade aberta, por exemplo, quando subitamente se dá conta do quão ridícula é a preocupação que tem consigo mesma e cai na risada, ou quando você vê a ironia de uma situação de sofrimento e isso lhe faz lembrar que a vida é muitas coisas. Sorrir traz leveza e perspectiva para os mais dolorosos aspectos do humano, como o racismo, a pobreza e a morte. A dimensionalidade aberta revela-se naqueles momentos em que não temos certeza se devemos sorrir ou chorar.

A noção de dimensionalidade aberta desafia a suposição que muitos de nós temos de que a abertura se caracteriza por ser vaga, sem direção e impraticável. Mas é assim mesmo que você a experiencia? Quando você afrouxa as cordas de seu rígido senso de justiça, a mente se torna ágil, adquire perspectiva e demonstra uma acuidade que encontra maneiras criativas e inteligentes de responder à vida. Mais importante ainda, sua habilidade em ver a dimensionalidade aberta das coisas lhe prové a base necessária para responder em vez de reagir. Retira você da delusão e a leva em direção a ver as coisas como uma ilusão, e dessa forma você pode perceber o mundo com precisão – o que significa que você não precisa fazer toda aquela bagunça.

O que é que eu sei?

Agora que a delusão que circundava sua amiga se acalmou, você pode começar a ver como esses problemas que acontecem a presenteiam com o aspecto criativo de estar viva. Talvez agora que seus impulsos não estão mais dirigindo o espetáculo, você consiga ver novas rotas de navegação para esta situação.

Sua amiga lhe entrega aquela xícara de café...

CAPÍTULO 2

Investigando as coisas

Posicionando a mente para o insight

> *No momento em que você começa a ponderar que as coisas talvez não sejam o que aparentam ser, toda a estrutura de sua delusão começa a desmoronar.*
>
> *–Aryadeva*

Quando começa a entender os mecanismos da delusão, você passa a ter acesso a uma poderosa escolha: você se deixa levar pelo impulso de aceitar tudo o que vê como real ou se sente preparada para explorar a possibilidade de as coisas não serem limitadas aos seus pensamentos sobre elas? Essa é uma decisão-chave. A princípio pode parecer óbvio: "A escolha de ver através da delusão, por favor!". Mas isso pode não ser tão fácil de fazer quanto você pensa. A maioria de nós dá importância excessiva às nossas verdades, mesmo que isso doa. Quando assoberbados por pensamentos e emoções aflitivas, pode parecer que nós temos pouco ou nenhum controle, como se estivéssemos subjugados a um tipo de comando biológico. Muito provavelmente você tem sofrido continuamente por seus impulsos reativos, mas, ainda assim, se vê fazendo as mesmas coisas de novo e de novo. Você deseja desesperadamente mudar, mas o que fazer a respeito desses hábitos?

Eu trago tudo isso à tona porque, em teoria, sim: você tem uma escolha. Mas a habilidade de ativamente apoderar-se dessa escolha é algo que você terá de cultivar. A maioria de nós não está habituada a permanecer aberta. Nós não entendemos a natureza de nossos pensamentos e emoções. É necessária alguma sabedoria investigativa para mudar o rumo da mente reativa.

Meu professor uma vez me falou que o melhor que ele poderia fazer por qualquer pessoa é levá-la à autorreflexão: a olhar para a própria mente e a própria experiência de forma aberta, livre de julgamentos. Via de regra, não estamos acostumados a olhar para a mente de maneira simples e direta. Como muitos, você pode pensar que a autorreflexão honesta implica encarar as coisas assustadoras que geralmente você tenta evitar; e, normalmente, suas tentativas de encarar as coisas terminam em uma afirmação desconfortável: "Uau, eu sou mesmo bem neurótica".

Ok, mas e depois? Você pode pensar que agora é hora de colocar sua história de lado e ir meditar. Mas, enquanto medita, você fica ainda mais assoberbada pela abundante energia de seus pensamentos, percepções e emoções. O que você faz com tudo isso? Você se pergunta até se é mesmo possível apreciar a atividade de sua mente – aquela tralha toda que você chama de vida.

Nas próximas seções, eu irei lhe apresentar algumas instruções budistas antigas sobre como olhar para a experiência com curiosidade e abertura, tendo por base o respeito pela expressão natural de pratityasamutpada. O caminho investigativo associado ao insight de pratityasamutpada, tradicionalmente referido em sânscrito como Madhyamaka, ou Caminho do Meio, proporciona uma maneira de explorar a experiência sem cair sob o domínio das aparências. Conforme discutimos no Capítulo 1, é porque entendemos equivocadamente as experiências como tendo características intrínsecas que manifestamos delusão. Mas, quando você direciona seu foco para a natureza da dimensionalidade aberta, sua habilidade de ver além das aparências torna-se possível.

Como começar? Primeiramente, é imperativo se aproximar de sua investigação com uma atitude humilde e aberta. Imagine a qualidade da mente que é evocada quando, por meio de um microscópio, você olha algo que nunca viu antes, ou quando contempla as estrelas por intermédio de um telescópio pela primeira vez. Você pode olhar para todas as suas experiências com o mesmo fascínio. De fato, você encontrará algumas similaridades entre a exploração científica e a investigação que está fazendo aqui. Ambas dependem da observação direta. A diferença está no fato de que, enquanto os cientistas, em sua busca por objetividade, fazem de tudo para silenciar aquele que percebe, aqui você irá exatamente explorar a natureza do saber e sua relação com aquilo que se percebe. Afinal, é impossível retirar verdadeiramente a cognição de qualquer pesquisa. Por conta disso, o modo pelo qual se olha ou se investiga tem a máxima importância.

Na abordagem budista, não começamos com uma hipótese ou com um projeto experimental. As instruções em si não irão ditar o que você deveria ou não deveria ver, sentir ou pensar. Isso você descobrirá por si mesma. De fato, os ensinamentos nos encorajam fortemente a não atribuir nenhuma verdade ou sentido à experiência. Eles não têm por objetivo afirmar, resolver ou desaprovar qualquer coisa. Isso atrapalharia sua habilidade de perceber as coisas de uma maneira nova e direta. Ao contrário, o objetivo é posicionar sua mente para aquilo que eu chamo de experiência completa – ou seja, quando você olha diretamente para a expressão natural de qualquer coisa que surja, sem tentar capturar, rejeitar ou desvendar o que aquilo é ou não é.

O neurocientista Francisco Varela chamou esse tipo de investigação direta de "ciência em primeira pessoa". Ele ficou intrigado com a metodologia antiga do Buda. Ele entendeu que ao incluir a consciência na investigação era possível adquirir mais informação sobre a própria consciência e a experiência do que em todas as teorias que a ciência, a psicologia ou a filosofia já haviam desenvolvido ao longo de sua história.

Antes de seguirmos, eu gostaria de esclarecer o que eu quero dizer quando uso o termo experiência. Experiência aqui se refere àquilo que surge diante de sua consciência ou, neste caso, àquilo que você coloca em foco como sendo o objeto de sua investigação. Nos capítulos seguintes, aplicando métodos, nós iremos deliberadamente trazer à mente certos objetos de experiência, que podem ser materiais (como uma pessoa ou um objeto inanimado) ou um momento de consciência (como uma emoção, uma percepção sensorial ou um pensamento). O que quer que surja para sua consciência, você pode examinar. Você pode até mesmo trazer sua atenção para aquele que apreende ou para a apreensão em si.

Ao refletir sobre o objeto de sua consciência, pode ser que você pense em uma experiência interna limitada às fronteiras de seu corpo. É aí onde a maior parte das pessoas supõe que sua consciência habita. No entanto, pode ser que você perceba que, quando senta em quietude e observa essas experiências internas, elas comumente parecem vir até você desde fora.

Ademais, aquelas coisas que você acha que habitam fora das fronteiras que a delimitam não podem ser separadas das percepções que você tem delas. Portanto, ainda que pareça, por vezes, que essas investigações são meramente uma exploração voltada para dentro, à medida que você observa sua experiência, talvez descubra que as linhas que separam dentro e fora não são muito claras. O que é dentro? O que é fora? Difícil dizer.

O que chamamos de experiência é verdadeiramente uma troca divertida entre nossos mundos internos e externos. Não há problema algum com a experiência em si mesma. O problema surge quando a aparência das coisas passa a ofuscar sua natureza, e nós começamos a reagir. Liberar a mente dessa confusão é o único propósito das investigações do Caminho do Meio.

Neste capítulo, nós usaremos nosso próprio corpo físico como o foco ou a base para nossa primeira investigação. Raramente nos damos a oportunidade de notar ou observar com respeito a rica expressão de nosso corpo físico, embora tenhamos todo tipo de julgamentos e ideias sobre ele. A presença real do meu corpo, ou de um corpo, como uma coisa singular e claramente delineada pode não existir como você acha que existe. Quando você traz consciência aberta para a experiência do corpo, você irá encontrar um universo infinito, rico em informação. E notará que olhar para seu corpo demanda a participação de seu ser por inteiro.

Para experimentar como posicionar nossa mente para o insight, vamos começar nossa investigação por aqui[1].

....

Encontre uma posição sentada que seja confortável e natural, de forma que você esteja relaxada, mas atenta. O significado do termo *relaxada* aqui se refere a aquietar o hábito de continuamente bloquear as experiências não desejadas ou perseguir as desejadas.

Comece trazendo sua consciência para o topo de sua cabeça e devagar faça-a descer por seu corpo. Pode ser que o local para onde você direcione sua consciência se torne vivo em sensações. Se seu corpo está sonolento ou entorpecido, perceba que o entorpecimento em si tem uma sensação própria. (De outro modo, como você poderia identificá-lo e rotulá-lo como *entorpecimento?*)

Por favor, não julgue o que quer que encontre. Veja o entorpecimento, ou qualquer outra sensação ou percepção, como uma expressão natural e vívida da mente e da experiência.

Você pode notar que observar seu corpo também envolve olhar e ver. Pode ser que você não esteja olhando com seus olhos. Seus olhos podem estar fechados. Mas imagens expressam a si mesmas aos olhos de sua mente. Você pode ter uma imagem visual de sua energia movendo-se através de partes de seu corpo, ou pode imaginar certas partes de seu corpo enquanto deliberadamente move sua consciência de uma área para outra.

Ao continuar, pensamentos surgirão, e não há nenhuma necessidade de bloqueá-los. De todo modo, eles não irão embora. Pensamentos também são a ex-

....

1 N.E.: Você pode encontrar as investigações deste livro guiadas em áudio em lucidaletra.com.br/pages/alogicadafe

pressão natural do surgimento dependente. A mente pensante consegue operar sem que você tenha de se fechar em conclusões – ela tem a habilidade de simplesmente testemunhar e navegar pelo fluxo de eventos que surge e se dissipa. Você pode apreciar a movediça e dinâmica expressão da linguagem e dos conceitos, que pode ser tão fluida quanto tudo o que você absorve por meio de seus sentidos. E se você perceber que está avaliando a experiência ou se perdendo ao reificar rótulos, traga seu foco de volta ao objeto da investigação, o corpo. Mais adiante, tome um momento para apreciar o fato de que sua habilidade de discernimento trouxe você de volta ao prumo.

Continue a deixar qualquer sensação física revelar a si mesma para sua consciência. Em alguns momentos, experimente deliberadamente levar sua atenção a certas áreas de seu corpo. Em outros, sensações físicas fortes irão chamar sua atenção por elas mesmas – talvez uma contração em seu pescoço ou em seu pé, que ficou dormente e está começando a acordar, formigando ou latejando. Perceba como as sensações não estão presas em seu lugar, e como, no momento em que você as observa e tenta localizá-las ou descrevê-las, elas se dissipam.

Nós temos rótulos para o corpo como um todo, como *eu*, e temos termos para as partes que o compõem, como *ossos, músculos, sangue, tendões, costelas, cabeça* e *pés*. Mas não é assim que nós percebemos o corpo quando trazemos uma mente aberta e atenta para a experiência que temos dele. Perceba como o corpo e suas partes são energéticos, espaçosos, vivos e impossíveis de serem localizados.

Eu preciso reconhecer que, algumas vezes, parece que o corpo é um receptáculo para a dor. Mas, ao colocar sua consciência sobre ele, com o tempo, você descobrirá que seu corpo é uma fonte de fascinação. Se você gentilmente voltar sua atenção em direção ao

Investigando as coisas

corpo, ele ganhará vida das maneiras mais inesperadas. Mesmo torpor, agitação e áreas contraídas ou doloridas se abrem em experiências menos rígidas, menos sólidas. Não é que investigar o corpo a proteja de sentir aquilo que você não deseja sentir, mas tornará você menos resistente e mais curiosa a respeito daquela experiência diante da qual você normalmente se contrai. Isso irá permitir que sua energia flua e se torne menos restrita. Desse modo, o corpo pode oferecer a você informações valiosas sobre a natureza das coisas, sobre sua mente e sobre ser um ser humano. Talvez você descubra que aquilo que você chama de corpo é um universo incrível em si mesmo e passe a apreciá-lo como nunca antes havia feito.

Essa investigação pode ser longa ou curta, e ter a duração que você queira. Algumas vezes sua sessão pode ter um final natural, quando você se sente determinada e pronta para ir ao encontro do seu dia. Mas, antes, é bom tomar um momento para observar as qualidades de abertura e humildade da mente investigativa, e depois tentar trazer esse mesmo espírito de curiosidade para seu mundo.

....

A razão para investigar qualquer experiência, da forma como acabamos de fazer, é ver que as coisas não existem da maneira como aparecem. Olhar diretamente para o corpo, por exemplo, nos desloca de suposições vagas para uma relação direta com a natureza de pratityasamutpada. Quando enxergamos para além de nossas interpretações grosseiras, descobrimos a situação menos tangível e mágica na qual nós de fato vivemos.

Para entender o que eu quero dizer com menos tangível e mágica, vamos tomar outro exemplo, a noção de *aqui*. Aqui é diferente para cada um. Seu aqui pode ser o meu ali. E, mesmo quando aqui está próximo o suficiente para que nós duas o chamemos de aqui, sob meu ponto de vista, o seu pode estar um pouco perto demais. Ou pode estar muito distante. Aqui é algo intuitivo e pessoal que todos nós experimentamos de forma diferente em momentos diferentes e com pessoas e coisas diferentes. Todos nós concordamos a respeito do que aqui significa, mas, quando buscamos por um aqui, vemos que ele é apenas uma ideia – uma aproximação vaga – de um lugar que não podemos determinar de modo exato. E, ainda assim, se você vier até aqui nós podemos nos encontrar, ter uma conversa ou eu posso lhe oferecer algo – talvez um presente. Aqui geralmente funciona muito bem, mesmo que você nunca chegue a encontrar um verdadeiro aqui se olhar diretamente. Todos nós aceitamos a ilusão de aqui, mas a maior parte de nós nunca a questionou.

Do mesmo modo que aqui é simplesmente uma aproximação vaga de algo que funciona bem no contexto dos acordos relativos a um espaço, o corpo também é um rótulo para uma combinação de experiências vívidas que, sob investigação, não podem ser encontradas. O objetivo da investigação não é simplesmente chegar a uma verdade conclusiva, que se tornaria eventualmente mais um conceito reificado. Ao contrário, seu objetivo é liberar todo o seu ser da compreensão equivocada de que você está separada da natureza da causalidade mútua.

A prática de afrouxar

> *A intenção [da investigação analítica] não é refutar visão, som e saber. Nosso objetivo é reverter a causa do sofrimento, o apegar-se às coisas como reais.*
> – *Shantideva*, The Way of the Bodhisattva[2]

2 N.T.: Citação com tradução livre. Livro publicado no Brasil sob o título *O caminho do bodisatva* (Makara, 2013).

Infelizmente, o termo formal em inglês (e em português) para a investigação da natureza da mente e da experiência é, no contexto de pratityasamutpada, *meditação analítica*[3]. Considero isso algo infeliz apenas porque é um termo que normalmente desanima as pessoas. Como ele soa para você? Pode ser que, como outras pessoas, você goste de analisar as coisas. Mas pode ser que ache que o termo meditação analítica soe tão convidativo quanto cuidar dos dentes. Talvez você ache complicado entender a conexão entre espiritualidade e análise. É possível que você tenha adentrado o caminho espiritual para se livrar dos conceitos e prefira adotar uma abordagem mais intuitiva e emocional diante das coisas.

Analisar uma coisa ou ideia geralmente significa metodicamente desmontá-la e escrutiná-la. O processo de desmontar ou desagrupar algo faz com que algumas pessoas se sintam alheias ao seu próprio corpo ou desconectadas – pode haver uma frieza envolvida, como se, ao analisar as coisas, você estivesse reduzindo o mundo que experiencia a pó. Em outros momentos, a análise só torna as coisas mais complicadas e desafiadoras de entender, como quando encontramos muitas opções ao fazer uma busca na internet. Você começa com uma só ideia e termina com mais teorias, mais informações, mais dúvidas e mais preocupações do que gostaria.

Se você checar a etimologia da palavra análise, pode ser que se surpreenda ao aprender que ela vem da raiz grega *ana*, que significa "quebrar", e *lise*, que significa "afrouxar". Essa definição encaixa-se perfeitamente com o propósito da meditação analítica, que é desmontar e afrouxar suas suposições sobre as coisas. Por meio da análise, você se desloca de um mundo grosseiro de ideias abstratas para uma relação mais direta com o que está de fato acontecendo.

Sempre que você desmonta ou analisa alguma coisa – mesmo uma palavra, como a palavra análise, por exemplo – algo de valor virá

---

3 N.T.: A expressão usada pela autora em inglês é *analytical meditation*.

disso. Se você coloca sua atenção em qualquer coisa – seja essa coisa uma ideia ou um momento de raiva ou desespero – sua análise atenta irá revelar todo tipo de surpresas. Novas linguagens e ideias emergirão – quem sabe até poesia. Não que uma nova expressão dessas se torne então a melhor já pensada, o exemplo máximo da ideia certa, ou o uso correto do termo. Você nunca resolverá os mistérios do universo. Mas abrirá as portas para que mais vida emerja e, como resultado, você pode apreciar melhor o processo de permanecer aberta e participativa, como se entrasse no modo de ouvir atentamente uma entrevista fascinante, como no exemplo que mencionei antes.

Quando estiver praticando meditação analítica, é crucial que você faça a relação entre as ideias e a sua própria experiência direta, em vez de simplesmente aceitar as coisas por ouvir falar delas. Por exemplo, se alguém lhe diz que tudo surge interdependentemente, e você pensa, "Legal, isso faz sentido", você terá nas mãos apenas informação intelectual que irá caminhar de forma paralela à sua própria experiência, nunca verdadeiramente penetrando-a e nunca liberando a confiança que surge apenas de ver as coisas por você mesma.

Espero ter elucidado o espírito dessa abordagem e que o termo *meditação analítica* agora faça sentido para você. Você está afrouxando esse sentido de realidade, o que a ajuda a ver a natureza ilusória das coisas, e é esta a razão do uso do termo *analítica*. Ao fazer isso, você está cultivando um modo diferente de olhar e conhecer que percebe a natureza da interdependência e da dimensionalidade aberta. Quando permite que sua consciência permaneça participativa e aberta, sem sucumbir à necessidade de afirmar ou negar a experiência, você pode facilmente testemunhar a atividade natural da mente. A técnica de manter a mente aberta se refere ao aspecto meditativo da meditação analítica.

Em textos budistas, é possível encontrar o termo sânscrito que descreve o aspecto da mente do qual você depende para inteligentemente participar da experiência, *prajna*. A definição etimológica mais comum para o termo *prajna* (pronunciada praj-nia) é de *pra* como "exato" e *jna* como "consciência", "discernimento" ou "saber". Você poderia dizer que prajna percebe as coisas de modo exato, sem impedimento. Por esta razão, ela é usada nos ensinamentos budistas para falar do insight sobre a natureza de como as coisas realmente são.

Você já possui uma relação íntima com prajna. No sentido mais amplo, prajna atua como uma força-guia que você usa para conectar suas ações com suas intenções. Você depende de prajna quando está tomando decisões simples no mercado ou quando está escolhendo em que escola irá colocar seus filhos. E depende de prajna em seu desejo por felicidade e significado. Por exemplo, quando você se distrai, quando está sonhando acordada, quando se perde em meio à proliferação de pensamentos e emoções perturbadoras, ou quando se distancia de sua intenção, prajna traz você de volta ao prumo. Você encontra os recursos necessários para pausar e escolher um caminho de ação mais habilidoso, menos reativo, como no cenário com a pessoa com quem divide a casa que citamos antes. Sem a interferência de prajna, você provavelmente jogaria as roupas da sua amiga pela janela naquele exato momento. Mas algo a fez parar. Prajna. Prajna pode manter você nos limites de suas melhores intenções e impedir que faça uma enorme bagunça.

Como temos discutido, prajna, ou discernimento, não consegue capturar a verdade, mas pode servir como o insight que a guiará, se você prestar atenção. É nisso que confiamos para poder explorar os mecanismos de entrar em – ou sair do – estado de graça. Se sua meta é se mover para fora da delusão em direção a uma relação sã com o seu mundo, traga prajna para o caminho da liberação.

Até este momento do livro, nós temos explorado a interdependência como a natureza de toda experiência. Nas próximas três seções, apresentarei três métodos analíticos que irão dar suporte para seu entendimento do surgimento dependente. Mas antes eu gostaria de intoduzi-la ao contexto.

Seguindo o Buda, muitos grandes mestres de meditação que vieram depois dele (mestres como Nagarjuna, Chadrakirti, Kamalashila, Shantarakshita e Shantideva, para mencionar apenas alguns) ensinaram métodos criativos e poderosos para ver através da ilusão de uma realidade independente. Mas todos os sistemas que eles desenvolveram originam-se dos ensinamentos do Buda sobre interdependência e giram em torno da mesma pergunta básica: você consegue encontrar alguma coisa – seja animada, inanimada, feita de matéria ou imaterial – que exista fora da grande natureza da interdependência?

Juntos faremos três investigações relacionadas a essa questão: nós iremos, primeiro, buscar por qualquer coisa que seja singular, ou seja, algo que não é composto de partes; depois, tentaremos localizar alguma coisa que seja permanente ou, em outras palavras, algo que seja sempre igual e não mude; e, por fim, nós iremos buscar por algo que seja independente, algo que não surja baseado em causas e condições e que não seja influenciado por outros elementos.

Meditação analítica – ou seja, o processo de buscar por uma coisa real – é essencialmente o contrário de uma lavagem cerebral. Kongtrul Rinpoche me disse que, quando era um jovem monge e começou a investigar a realidade das coisas, ele enrolava seu manto de monge, ou zen, ao redor da cabeça tentando criar uma atmosfera de não distração similar a uma caverna. Ele passava horas tentando encontrar qualquer coisa que existisse fora da natureza das relações, algumas vezes usando a mente conceitual, em outras focando diretamente na percepção e na sensação. Olhar para a natureza interdependente das coisas de um modo preciso não significa que você tenha de ficar ultravigilante, focada em si mesma e neurótica. Se você adotar uma curiosidade humilde, como a de uma criança, a natureza da interdependência irá surpreender, encantar e deliciar você. De fato, você pode até mesmo se apaixonar por sua mente e seu mundo.

Investigando as coisas

Quando buscarmos juntos por qualquer coisa que seja permanente, singular e autônoma, por favor, examine com vontade. Você pode alimentar essa vontade com devoção ao insight de pratityasamutpada ou relembrar uma experiência de graça, para que ela o inspire. Mas a coisa mais importante a ser lembrada, à medida que você procede por essa investigação, é ter uma mente humilde, aberta a aprender. Com essa mente, quem sabe o que poderá descobrir? Pode ser que você realmente encontre algo que seja autônomo – algo que tenha natureza independente. Você talvez encontre algo que nunca mude ou que não seja feito de partes e que exista fora da natureza de pratityasamutpada. Quem sabe você não irá encontrar uma verdade que todos os grandes mestres dessa tradição ainda não conseguiram encontrar. Você precisa estar aberta a isso. E, se realmente encontrar tal coisa, você deveria descrevê-la em um livro. Eu definitivamente o lerei, e outros sem dúvida irão lê-lo também.

Se você parar para pensar um pouco, todo mundo está em busca de verdades objetivas. Os cientistas continuamente procuram por uma partícula sem partes – uma força ou componente de massa fundamental que produz toda a matéria e que não é passível de ser decomposta. Você acredita que haja algo que não tenha partes e que exista objetivamente por si mesmo? Filósofos têm nos legado teorias a respeito do sentido da vida, da condição humana e das causas do sofrimento. Você acredita que alguma delas seja verdadeira? Buscadores espirituais têm procurado por uma presença ontológica ou força primordial responsável pela criação do universo. Eles foram capazes de achar alguma coisa que seja intrinsecamente verdadeira, sobre a qual todo mundo concorde?

Ao longo da história, ninguém nunca encontrou uma verdade intrínseca. E por quê? Porque todas as coisas se apoiam umas nas outras. Considerando que este é o caso, é possível que você também não vá encontrar uma verdade definitiva. Apesar disso, vale a pena buscá-la, porque, à medida que você procura por algo real, pode ser que encontre o não encontrar – e este não encontrar será a fonte de um insight liberador.

Não faça disso uma coisa!

> *Isto não está em nenhum mapa; lugares de verdade nunca estão.*
> – Herman Melville

Em nossa primeira investigação vamos procurar por algo que tenha a qualidade da singularidade – ou seja, por algo que não seja composto por partes. Você pode se perguntar: "Por que alguém gastaria seu precioso tempo buscando por uma coisa singular? Que propósito tem isso?".

Quando usamos a linguagem para descrever o mundo, seja ele nossos pensamentos, sentimentos, percepções ou objetos, com frequência nos referimos a eles nominalmente como coisas: um iPhone, o Sol, amor, um momento no tempo, eu, uma surpresa, um problema, um inimigo, um herói, um átomo, uma reação, um momento de êxtase, uma circunstância. Uma coisa, por definição, apenas pode existir em um dos dois modos: tem de ser uma única coisa ou muitas, singular ou plural. Quando usamos termos como *uma floresta*, *uma manada de alces*, *um enxame de abelhas* ou *uma massa de energia*, nós estamos basicamente agrupando uma coleção de várias coisas singulares em uma única coisa geral. É verdade que nós percebemos e absorvemos todas essas coisas por meio dos nossos sentidos de uma maneira não-conceitual, mas, no momento em que começamos a conhecê-las e atribuir-lhes rótulos, elas se tornam ou uma única coisa singular ou muitas coisas.

Tais coleções de experiências são conhecidas na tradição budista como agregados, *skandhas* em sânscrito e *pungpo* em tibetano. Por sinal, Dzigar Kongtrul Rinpoche chama os biscoitos densos e embatumados que eu faço de pungpos. Sim, pode ser que eles sejam um pouco duros à primeira mordida, então é possível supor que eles não podem ser partidos, mas eu lhe garanto: eles são compostos de muitos ingredientes saudáveis, como ovos, farinha de amêndoa e semente de linhaça.

Juntar e nomear coisas não é necessariamente um problema. Rótulos são de fato úteis. Mas o ponto aqui é entender que a natureza das coisas sempre permanecerá livre das restrições dos rótulos que você lhes atribui. Pensamentos não lhe oferecem acesso direto à realidade. Eles são impressões ou retratos rápidos retirados do mundo que você encontra com seus sentidos. Eles são como mapas – representações abstratas de um vasto território de expressões que surgem mutuamente.

Imagine que você tivesse um mapa para fazer uma trilha pelas montanhas. Ao chegar ao ponto de partida, você não estaria esperando que o mapa guardasse alguma semelhança com o terreno em si. É verdade que um mapa pode lhe mostrar como navegar pela trilha. Mas, diferentemente do desenho unidimensional de seu mapa, a trilha que você iria encontrar de verdade seria um lugar vibrante e fervilhando de vida. Você veria pássaros, enxames de inconvenientes mosquitos, rochas, gramas espinhentas e flores silvestres. Você descobriria lugares com sombra para descansar, mirantes e atalhos. Você iria inspirar o aroma dos pinheiros e sentir a brisa na pele. Um mapa é a descrição, não o descrito.

À medida que começasse a andar pelo território no qual o mapa se baseia, você talvez se perguntasse se o pinheiro não poderia também ser visto como um mapa. Não é o *pinheiro* simplesmente um rótulo que você atribui a um conjunto de partes: tronco, galhos, carumas, pinhas e outros? E se você isolar qualquer uma dessas partes das outras, digamos, a pinha, você descobrirá que essa parte por si mesma é também um conjunto de outras partes: pétalas, sementes, castanha do pinheiro e um miolo composto por fibras individuais. A *pinha* seria revelada como um mapa ou uma designação sobrepostos a ainda uma outra coleção específica de elementos.

Você percebe para onde isso nos leva? Você pode continuar a aplicar a mesma lógica à menor partícula visível a olho nu e, depois, até mesmo em nível atômico e além dele. De fato, isso tudo sugere que, para ser possível analisar uma coisa, basta que você consiga determinar sua presença. Se a coisa é grande ou pequena, material ou imaterial, isso não faz diferença alguma. O que nós estamos questionando aqui é a noção de coisitude[4] – que se origina de ver as coisas como completas, inteiras e inviolavelmente singulares.

Pode interessar a você saber que na Grécia antiga a palavra átomo referia-se a algo que não poderia ser dividido ou partido – algo que resistia à análise. Houve bastante exploração científica desde então. Átomos não mais são vistos como indivisíveis. De fato, universos inteiros de surpresas fenomenais eclodiram dos confins da assim chamada natureza indivisível. Durante os anos 1950 e 60, físicos descobriam tantas partículas em experimentos de espalhamento – quarks, cordas, léptons, glúons – que começaram a se referir às pesquisas desse período como "zoológico de partículas elementares".

O ponto aqui é que, contanto que você consiga localizar um objeto único – tão minúsculo ou sutil quanto possa ser –, você é capaz de decompô-lo em partes. Basta que atribua coisitude a alguma ocorrência, objeto ou percepção – mesmo que seja apenas uma teoria – para que eles se tornem suscetíveis à análise.

Por que é importante investigar coisas? Por que todos os grandes estudiosos e meditadores budistas indianos dessa tradição, cujo único interesse na vida estava direcionado a ver através da delusão, consideravam a investigação tão importante? Qual a relevância de

---

4 N.T.: Em inglês, *thingness*. Em seu primeiro livro, *O poder de uma pergunta aberta* (Lúcida Letra, 2018), a autora explora mais a fundo esse conceito.

Investigando as coisas

parar para pensar sobre o que a singularidade ou a coisitude têm a ver com sua vida? Vamos trazer essas perguntas para uma investigação pessoal.

....

Para começar, sente em uma posição confortável, e gaste o tempo que for necessário para assentar a mente, levando o foco para sua respiração. Quando se sentir pronta, tente identificar algo em sua vida que a desafia, algo que você preferiria não experienciar. Ao escolher *sua coisa* – aquilo que servirá como objeto de sua investigação – evite optar por algo que a aflija demais. Por favor, olhe para esta prática como um experimento gentil. Comece colocando apenas a pontinha do pé para dentro

Você pode escolher examinar um desconforto físico (a contração, a preocupação ou o estresse subjacentes que parecem acompanhá-la durante todo o dia) ou um sentimento de escuridão, repulsão, falta de confiança em si mesma ou depressão leve. Ou talvez você queira eleger uma relação conflituosa ou uma situação com a qual esteja lidando agora. Ao selecionar seu objeto de investigação, perceba como simplesmente isolar um aspecto de sua experiência e nomeá-lo o transforma em uma coisa singular, igual a um mapa.

Poder identificar ou mapear experiências é crucial para sua investigação e uma expressão de prajna, sua habilidade natural de discernir. Rótulos e pensamentos são ferramentas poderosas que lhe permitem trazer aquilo que é geral e vago à luz de sua consciência. Precisamos de mapas para explorar. Agora que possui um mapa, você pode se aventurar pelo território verdadeiro dessa coisa e ver o que a aguarda.

Antes de continuarmos, eu gostaria de relembrar-lhe que *análise* significa "afrouxar". O propósito da prática, neste caso, é afrouxar ou desmontar suposições que você tenha a respeito da singularidade ou da coisitude de seu objeto ao observar suas partes ou aspectos. Em outras palavras, você usará o poder do discernimento, ou prajna, para afastar-se de noções abstratas e ir em direção a uma relação mais direta com a experiência. Tenha isto sempre claro: você não está buscando por uma verdade sobre seu objeto nem está procurando sua causa. Mantenha uma mente aberta e curiosa. Isso irá proteger você de se perder no hábito de chegar a conclusões ou pensar que sabe o que essa coisa é.

Você provavelmente se identifica fortemente com essa coisa. Pode ser que se veja como "a pessoa com dor física" ou se identifique com padrões misteriosos de desconforto ou depressão, ou pode culpar algo externo por ter causado sua infelicidade. Seu foco pode perambular pelo passado, ou sua atenção pode saltar adiante para fantasias exageradas que tenha sobre o futuro. Apenas se dê conta disso e traga a mente de volta à investigação. Você pode cuidar das demandas práticas da vida depois, caso precise. Por agora, dedique um pouco de tempo a olhar para sua coisa de um novo modo. Isso poderá influenciar a maneira como responde às circunstâncias mais adiante.

Enquanto explora a paisagem de sua coisa, você consegue identificar uma presença, um humor, uma atmosfera? Como descreveria isso? Você pode encontrar ondas de energia em movimento ou estagnadas, contração física, respiração curta, emoções turbulentas, peso, julgamentos ou pensamentos discursivos selvagens. Ou talvez se surpreenda com momentos de leveza, quietude ou muitas outras coisas inesperadas.

Investigando as coisas

O filósofo da mente e da linguagem Ludwig Wittgenstein uma vez disse: "Apenas descreva; não explique". Seguindo esse espírito, nós não estamos tentando definir nada – não estamos criando mapas aqui, mas meramente observando ou descrevendo o território.

Tome tanto tempo quanto for necessário em cada pedaço da investigação. Se a mente vaguear, volte para seu corpo. Tente escanear seu corpo com sua consciência, começando pelo topo da cabeça e descendo. Onde você sente que estão as áreas com mais energia concentrada? Você se percebe fixada a sensações desconfortáveis ou apegada a uma sensação de bem-estar? Veja se consegue localizar essas sensações como coisas. Você pode descobrir, ao explorá-las, uma enxurrada de sensações. Você consegue selecionar uma única sensação e repetir a investigação? Quando você foca sua atenção em uma coisa específica, novas coisas irão se revelar para você.

Deste ponto em diante, nós vamos mudar nosso foco para os limites que definem as coisas. Comece identificando as diferentes partes de seu corpo: membros, cabeça, pescoço e assim por diante. Ainda que possa, em termos gerais, identificar e nomear essas partes, veja se consegue apontar exatamente onde o ombro encontra o braço. Você consegue identificar precisamente onde o antebraço encontra a mão? Pode localizar exatamente onde o joelho começa e a perna termina? Onde sua cabeça se torna seu pescoço?

Se a tarefa de localizar as partes do corpo parecer muito óbvia para o interesse de sua mente conceitual grosseira, lembre-se de que você não está pedindo para a mente rotuladora fazer essas distinções. Você está optando por uma experiência direta, não restrita a rótulos e suposições.

Quando se sentir pronta, tome um momento para refletir sobre suas descobertas. Você achou a coisa singular que estava buscando? O que encontrou enquanto andava por esse território? Pôde encontrar algo que não fosse composto por partes? Se achou partes, essas partes eram singulares ou elas possuíam, por sua vez, mais partes? Você foi capaz de achar qualquer coisa, seja uma ou muitas? Você acha que isso é sequer possível?

Talvez você tenha descoberto que a análise penetra no sentido de realidade de sua coisa – abrindo-a para um mundo de infinitas relações interconectadas, liberando-a do confinamento de suas verdades. Talvez você nunca tenha tido tão pouca ideia do que é sua coisa quanto agora. No entanto, se você evitar buscar por uma verdade, não se sentirá nem um pouco confusa. É por este motivo que ver a natureza interdependente das coisas simplifica sua relação com a experiência, tornando-a menos vaga, menos abstrata e menos intimidadora. Acreditar que você conhece a verdade de uma coisa por meio de seu rótulo é fazer uma avaliação incorreta do seu modo de ser.

Talvez você já tenha ouvido a expressão: "Não faça disso uma coisa!". Alguém, percebendo que você está a ponto de se perder, pode tentar intervir sugerindo que você está vendo significado demais em determinada situação. "Não faça disso uma coisa" pode lembrá-la de que sua história está se solidificando e bloqueando sua habilidade de ver a dinâmica e abundante energia de algo – e esse algo não é uma verdade definitiva e pode ser percebido de vários modos. Isso não significa que você não deveria responder ao que quer que esteja acontecendo. A sabedoria aqui é simplesmente: "Não ache que você sabe o que isso é". E depois deixe o discernimento conduzi-la. Eu tenho certeza de que você irá se surpreender com a eficácia, a clareza e a harmonia que você manifestará na situação.

Experiências não desejadas têm uma tendência particular de nos assombrar. Nós gastamos muito do nosso tempo nos protegendo delas ou duvidando de nossa capacidade de encarar sua intensidade. Mas, quando olhamos para essas coisas ditas assustadoras ou perturbadoras, curiosamente nos damos conta de que não podemos afirmá-las. Elas não existem como uma, e tampouco existem como muitas. Bem, então como elas existem? Você pode se encontrar em um território não mapeado aqui, porque, ao não conseguir afirmar as coisas, você também não consegue negá-las!

Manter-se presente para essa extraordinária contemplação requer um pouco de humildade e curiosidade. Quando olhar diretamente para coisas singulares, você verá que tudo continua se abrindo e se abrindo, e pode apreciar isso. Isto é a prática.

Buscando por um eu permanente ou impermanente

Uma das técnicas representacionais mais enganosas em nossa linguagem é o uso da palavra "eu".

– Ludwig Wittgenstein

Você consegue apontar alguma coisa neste universo que não esteja suscetível à mudança? Estações mudam; a lua cresce e mingua; nossas séries de televisão favoritas vêm e vão, do mesmo modo que a moda e a tecnologia. A mudança se faz vividamente clara quando assistimos a nossos filhos amadurecerem, nossos pais envelhecerem, e nossos amigos e vizinhos se mudarem. Mesmo em um nível celular, nossos corpos estão em estado de mudança contínua. Encontre uma fotografia sua de quando era bebê. Ao observar sua imagem, pode sentir saudade da juventude ou alívio pela maturidade. Mas, principalmente, olhar para o passado irá lhe recordar o que você já sabe: que a única constante na vida é a mudança.

No entanto, apesar de reconhecermos a mudança, nós ainda agarramos a permanência com força, de maneiras profundas e sutis.

A lógica da fé

Você provavelmente acredita, por exemplo, que há um eu contínuo que promove toda essa mudança. Eu estava lá como uma garotinha tímida, grudada na saia da minha mãe, no primeiro dia da escola maternal. Agora sou uma adulta, olhando para minha própria criança. Este "eu" tem sido a testemunha constante de minha vida inteira, desde minhas lembranças mais longínquas. Por ser eu, também me identifico com padrões recorrentes e preferências. Por exemplo, eu sempre amei cavalos, nunca gostei de espinafre e (me disseram diversas vezes) sempre fui terrivelmente teimosa. Esta sou eu desde que me lembro. Em outros momentos, conecto minha identidade a eventos isolados, como, por exemplo, o eu que foi rejeitado vinte anos atrás ainda está por perto narrando e reafirmando sua história.

Sim, eu-você-nós todos mudamos ao longo dos anos, mas alguma coisa parece ter sido carregada do passado para o presente. Você provavelmente não dirá que é a mesma pessoa que era quando criança, mas tampouco diria que é alguém completamente diferente. Por meio da memória, você tem uma conexão íntima com aquela pessoinha cheia de vida na foto, com suas relações familiares, com seus padrões de comportamento e suas características físicas reconhecíveis. Parece haver um fio físico e consciente que mantém tudo isso unido.

Na tradição do Caminho do Meio, questionar a continuidade de um eu permanente não é uma negação de quem você é enquanto um ser humano funcional, que vive, respira e tem uma história única. Na verdade, seu propósito é levantar a pergunta: "O que continua?". Porque, quando você começa a buscar por esse eu, talvez perceba que sua presença é, no mínimo, ambígua. Você pode também achar curioso ter uma relação tão vaga com aquilo com o que você mais tem intimidade, esse eu que você tanto estima. Vamos fazer desse eu permanente o objeto de nossa próxima investigação.

Investigando as coisas

Sente-se calmamente em uma posição confortável, respire naturalmente e deixe sua mente assentar. Você pode manter os olhos tanto abertos quanto fechados. Quando se sentir pronta, pergunte a si mesma: "Onde está o eu?". A princípio, você pode se sentir um pouco confusa – até desnorteada – pela pergunta, porque seu senso de eu está em todo lugar e em lugar nenhum ao mesmo tempo. É perfeitamente normal se sentir perplexa. Esse é um sinal de que a sabedoria da pergunta está pressionando suas suposições não examinadas. Essa experiência é, por ela mesma, um primeiro passo crucial na análise.

Ao mesmo tempo, você precisará aterrar-se na investigação. Uma maneira efetiva de fazer isso é trazer sua atenção ao corpo. Afinal, o corpo é aquilo com que mais fortemente nós associamos o eu. É possível que você frequentemente diga coisas como "eu sou forte" ou "eu estou com sono". Então, olhe para dentro do corpo físico e veja se consegue encontrar um eu consistente e permanente no corpo.

Você pode começar usando o topo de sua cabeça como o ponto focal inicial e seguir trazendo sua atenção vagarosamente para baixo, através de sua face, pescoço, membros e assim por diante. Procure em todo o seu corpo por um eu imutável se perguntando: "O eu está na minha cabeça... meus olhos... meus membros... meu coração?". Pode haver áreas nas quais você perceba sensações fortes; nelas, vasculhe por um eu permanente, contínuo.

Quando, depois de procurar, você tiver certeza de que o eu não pode ser encontrado nas várias partes do corpo, veja se consegue encontrar um eu no corpo como um todo, enquanto a soma de suas partes. Ao buscar por um eu na totalidade do corpo, primeiro pergunte a si mesma se você pode localizar esse corpo inteiro. Tente visualizar seu corpo inteiro de uma vez só e veja se consegue encontrar uma imagem consistente que não mude. Veja se consegue sentir seu corpo como uma coisa inteira, imutável. Veja se consegue pensar ou perceber o corpo como uma entidade inteira e imutável. Se seu corpo e suas percepções dele fossem estáticas, seria simples identificar sua totalidade. Mas pode ser que ache isso impossível. Finalmente, acho que você terá de perguntar a si mesma como uma entidade consistente, que é o eu, pode ser igualada à força dinâmica e elusiva, que é o corpo.

À medida que explora o corpo, provavelmente não demorará muito até você reconhecer que a maneira como você se refere ao eu é inconsistente e mutável. Algumas vezes você iguala o eu ao corpo, mas outras vezes você se refere a ele como dono do corpo. Afinal, quando você diz, "Meu pé está dormente" ou "Eu tenho uma coceira", você está se referindo ao eu como o proprietário do corpo e de suas sensações, enquanto antes você o identificou *como* o corpo. Veja se consegue achar esse eu evasivo que governa o corpo.

Faça-se a pergunta: o eu, enquanto proprietário do corpo, reside dentro ou fora do perímetro de sua forma? Se o eu está fora das fronteiras do meu corpo, onde está e o que é? Se reside dentro do corpo, em que parte está localizado? Tente encontrar essa entidade permanente – o proprietário do corpo – que não muda. Examine profunda e diretamente; não delegue esta investigação para a mente rotuladora.

Lembre-se: o propósito desta investigação é exaurir suposições profundamente enraizadas e não questionadas que você tenha sobre o verdadeiro modo de existência de um eu contínuo e permanente. Apenas buscando e não encontrando você poderá se sentir finalmente confiante sobre seu modo de ser verdadeiro.

Quando, ou se, você se sentir convencida de que não é possível encontrar um eu consistente em cone-

Investigando as coisas

xão com o corpo, pode ser que ainda insista na ideia de que, apesar do eu esquivar-se de você, algo deve estar ali; você sente algo.

Olhe para as experiências que surgem em sua consciência – todo aquele desejo, necessidade, todas as alegrias, medos e lamentações. Quem está por trás de tudo isso, mexendo os pauzinhos, em uma tentativa de valorizar, manter e proteger sua própria existência? Tente encontrar aquele que sente, que aspira, que se apavora. Você é capaz de encontrar um eu permanente em meio a esta constante busca por sobrevivência?

Se esse eu permanente continua a se esquivar de você, você pode concluir: "Ok, talvez o eu não seja mesmo uma coisa, mas certamente há algum tipo de presença no ambiente que eu não posso ignorar". Talvez você o descreva como um constante ruído de fundo, como o rádio do seu vizinho; ou um narrador onipresente que parece ser sua sombra dia e noite, avaliando sua performance; ou o advogado que aparece em momentos necessários para consolá-la; ou sua consciência. Sim, parece que alguma coisa ou alguém está dando as coordenadas desde algum lugar – mas onde exatamente você pode encontrá-lo?

Pode ser que finalmente lhe ocorra que aquele que está fazendo a busca é o eu. Pergunte-se a si mesma qual eu é verdadeiro: o que está fazendo a busca ou aquele que está sendo buscado? O eu é o que vê ou o que é visto? É o sujeito ou o objeto? Pode ser difícil diferenciar os dois. Afinal, no momento em que começa a buscar pelo sujeito, ele se torna o objeto de outro momento de consciência subjetiva.

Você pode então concluir que o eu permanente deve ser um observador neutro – a consciência, ela mesma – que recebe e grava informação, como uma câmera de vigilância. Mas como poderia a consciência ser neutra ou permanente? Você alguma vez experimentou um momento consciente que não fosse influenciado pelo que estava sendo observado? O saber não muda de acordo com o seu objeto? Você pode ver, tocar ou sentir o cheiro sem um objeto de percepção? Como seria se sua consciência – aquilo que agora você supõe ser o eu – não sofresse qualquer influência de seu mundo sempre em mudança? Como poderia um eu assim experimentar qualquer coisa?

Tendo localizado muitas faces do eu, talvez você conclua que o eu deva existir em *todas* elas, como um ator que segue mudando de figurino. Mas, se o eu passa de advogado, a juiz, a porta-voz de sua consciência, e depois muda para várias partes do seu corpo, e vai para trás e para frente entre ser um sujeito e um objeto, você pode chamá-lo de uma entidade permanente e contínua? Que parte deste eu *impermanente* você consegue identificar como permanente ou contínua?

Talvez você esteja se perguntando agora: "Se não há nada permanente e contínuo, como há qualquer coesão nas experiências?". Deve haver algum tipo de princípio organizador centralizado que dá sentido às coisas. Se não fosse assim, o que explicaria a sequência entre você ser uma criança crescendo para se tornar um adulto, ou a linearidade de uma semente de maçã crescendo para se tornar uma macieira, e não uma bananeira ou uma pedra? "A continuidade", você pode argumentar, "é um fato perceptível da natureza".

Mas há uma contradição escondida nas profundezas da noção de uma continuidade da impermanência – da ideia de que há algo que mantém sua identidade enquanto ela segue mudando. Hummm. Essa questão a respeito da linearidade demanda uma investigação profunda e sutil sobre a impermanência.

Investigando as coisas

Umas das principais maneiras que temos de compreender e mensurar a mudança que vemos ao nosso redor é vê-la por meio do enquadramento do tempo. Como a maior parte das pessoas, você provavelmente organiza seu dia – e sua vida – em uma linha de unidades que vão crescendo: segundos, minutos, horas, anos e assim por diante. O tempo é uma elegante ferramenta para a pontualidade, para medir o progresso de um projeto e para entender a história. Mas o tempo nada mais é do que um acordo consensual que nos ajuda a identificar e a navegar pela mudança.

Tom O'Brian, o cronometrista oficial do *National Institute of Standards and Technology* (Instituto Nacional de Padrões e Tecnologia) em Boulder, Colorado, disse uma vez na rádio National Public: "Em minha opinião pessoal, o tempo é uma construção humana... [uma maneira de] colocar alguma ordem neste universo tão fascinante e complexo que nos circunda"[5]. O trabalho de Tom é manter o relógio marcando o tempo no ritmo exato. Essa não é uma tarefa fácil considerando que – graças a muitos fatores interdependentes, como a gravidade e a altitude – a velocidade com a qual se movem os ponteiros de um relógio de pulso não é a mesma em todos os lugares do universo.

Para examinar a suposição de que a vida emerge em momentos isolados, eu gostaria de lhe apresentar uma investigação sobre a natureza do tempo.

....

Comece encontrando uma posição confortável e depois direcione seu foco para a noção de tempo, a fim de investigar se essa noção tem alguma base na realidade que você percebe diretamente. Comece tentando localizar o momento presente. Você pode descobrir que, no mesmo instante em que concebe o presente,

---

[5] Tom O'Brian, "New Clock May End Time As We Know It" (Novo relógio pode colocar fim no tempo como nós o conhecemos), NPR, 3 de novembro, 2014, **www.npr.org/2014/11/03/361069820/new-clock-may-end-time-as-we-know-it**.

ele já se dissolveu. Você poderia até dizer que o presente agora é o futuro, ainda que ele esteja sempre apenas um passo adiante de você.

As pessoas costumam falar sobre viver no presente, mas você consegue *encontrar* um momento presente? Se tal coisa pudesse ser encontrada, precisaria, por definição, ter certa duração para distingui-la do passado e do futuro. Quanto tempo dura o presente? A duração do tique-taque de um relógio? Veja se o que você chama de momento presente não é uma composição de muitos momentos. Você pode apontar o instante em que o passado se torna presente ou que o presente se torna futuro? Basta que haja uma unidade de tempo – um momento separado – para que você possa dividi-lo mais ainda em passado, presente e futuro.

Dedique algum tempo a essa investigação. Examine profundamente usando sua habilidade de observar diretamente as coisas. Não abdique desta investigação entregando-a a uma mente que define fronteiras artificiais em torno da experiência, como a ideia de momentos de tempo. Busque por um momento isolado que não seja feito de momentos menores. Veja se consegue capturar o tempo. Veja se a experiência de fato surge em unidades isoladas.

....

A mudança é um aspecto daquilo a que você se refere como continuum. Em um modo grosseiro, você vê as coisas surgindo em momentos sequenciais: passado, presente e futuro. Mas, quando olha diretamente para a experiência, você vê de fato o momento em que uma coisa muda e passa a ser outra coisa?

Imagine desenhar uma linha sobre a superfície de um lago plácido. Embora veja a linha, você nunca vai ser capaz de localizar na água onde ocorre seu surgimento ou sua dissolução. Surgimento e dissolução parecem ocorrer simultaneamente – ou talvez seja bem o contrário disso. Mas isso não significa que você não consiga ver a linha. Acontece que, embora a linha se revele para você vividamente, você nunca irá encontrar um vestígio de seu continuum ou ser capaz de localizar seu começo, meio ou fim.

A fim de explorar isso de modo mais direto, façamos outra investigação:

....

> Mais uma vez, encontre uma posição confortável e, quando estiver pronta, pergunte-se se consegue determinar o instante exato no qual a noite se torna amanhecer. Você pode inicialmente pensar que o amanhecer surge quando você se depara com o brilho da luz no horizonte ou quando já consegue enxergar as linhas da palma de sua mão. Mas, quando você olha de modo mais aproximado, você consegue determinar precisamente quando esse amanhecer começou – como um acontecimento de fato? Você consegue apontar exatamente o momento em que o sol se põe? Consegue definir o verdadeiro começo do crepúsculo ou da noite? Você é capaz de ver esse momento acontecendo mesmo que esteja sentada em sua varanda com sua atenção totalmente voltada para o céu?
>
> E se você for um pai ou uma mãe, pergunte-se o seguinte: você se lembra do momento em que seu filho ou filha se tornaram um bebê? Uma criança? Uma (ou um) adolescente? Quando pais e mães observam seus filhos fazendo alguma coisa nova, eles orgulhosamente dizem: "Agora ele é um homem!". Mas, enquanto uma experiência direta, quem pode dizer quando o tornar-se homem verdadeiramente aconteceu? Sim, as várias fases da vida são diferentes, mas nós nunca realmente mudamos de uma coisa singular e permanente para outra. Apenas olhe no espelho e tente se perguntar: "Em que momento eu envelheci?".

A lógica da fé

Nós frequentemente usamos a frase "o momento da morte", mas não está claro exatamente quando morremos. Não conseguimos determinar o momento exato da morte porque ele é similar à noite se transformando em amanhecer, ou o som de um sino desaparecendo. Nós não podemos determinar o momento exato em que algo nasce ou, contrariamente, o momento em que esse algo se extingue. Mas, em um nível grosseiro, nascimento e morte certamente parecem ocorrer.

....

Você pode entender por meio de todos esses exemplos que, quando olha diretamente para a experiência, você não irá encontrar nada substancial surgindo, permanecendo e se dissolvendo. As coisas são não encontráveis, ainda que elas se expressem em uma sucessão contínua. Ver a natureza ilusória das coisas nos libera do apego à coisitude.

A mudança de ver as coisas como impermanentes para ver sua natureza não nascida e não encontrável não é apenas uma mudança filosófica. Experiencialmente, carrega-nos desde o terno coração de tristeza (no qual há um corpo a corpo com a impermanência do envelhecimento, doença e morte) para uma condição de fascínio, magia e destemor. Essa é a liberação que caracteriza o particular insight da prática do Caminho do Meio.

Você procurou por um eu permanente no corpo e nos objetos dos sentidos. E buscou pelo eu como aquele que conhece a experiência, como a mente subjetiva. O meu palpite é de que você não encontrou um eu permanente e contínuo residindo aí. No entanto, acontece frequentemente de a mente conceitual discordar de sua própria descoberta, e a pessoa começa a duvidar de sua própria experiência direta. É comum que um investigador novato interprete não encontrar como uma negação da experiência, mesmo que o objetivo da investigação seja liberar a mente das restrições conceituais do que é e não é, de afirmação e negação.

A desconexão que comumente surge entre experiência direta e entendimento conceitual vem à tona quase todas as vezes em que eu apresento essa investigação do eu a um grupo de pessoas. Ao menos uma pessoa no grupo se sente frustrada e protesta: "Como você pode dizer que não há um eu?". Sempre acho engraçado ouvir isso, porque eu tomo um cuidado enorme em *não* afirmar que *não* há um eu. Simplesmente peço às pessoas para procurarem por um – e só.

Apenas para o caso de que você esteja vivendo essa crise e esteja se sentindo um pouco insegura neste ponto do processo, eu quero assegurar-lhe que tudo está bem. É apenas uma questão de tempo até que um investigador motivado ultrapasse as restrições de suas próprias suposições e, quando isso acontece, é muito emocionante.

Lembre-se: aqui não estamos olhando através das lentes da mente habitual e suas suposições. Estamos simplesmente tentando algo novo. Não há por que filosofar demais a respeito. Permita-se sentir as bênçãos da investigação: aprecie sua mente aberta e curiosa.

Começando do zero: investigando a autonomia

Eu não estou contido entre meu chapéu e minhas botas.
– Walt Whitman

Nesta seção, vamos ver se conseguimos encontrar alguma coisa que não se apoie em outra. Nós iremos buscar por algo que fique em pé sozinho, algo que não seja influenciado por outros elementos nem dependa de causas e condições. Você acha que consegue encontrar algo assim?

Nos anos de 1960 e 70, o cosmologista e astrônomo Carl Sagan desafiou a noção de autonomia com a seguinte declaração: "Se deseja fazer uma torta de maçã do zero, você deve primeiro inventar o universo".

A lógica da fé

Nos bons e velhos tempos, todos tinham tempo para fazer tortas do zero. Ninguém havia inventado mistura pronta para massa de torta (ainda). Então, nos anos de 1930 e 40, alguma pessoa esforçada começou a comercializar caixas com os ingredientes da massa da torta pré-misturados e, nos anos de 1950, a ícone cultural Betty Crocker tornou o produto ainda mais popular. Os ingredientes de seu pacote apenas precisavam da adição de água e óleo – e, algumas vezes, ovo. Graças a Betty, nós agora temos uma escolha: podemos economizar o tempo que nos toma medir os ingredientes e quebrar os ovos, ou podemos fazer da maneira ultrapassada e começar do zero.

Mas, mesmo que você siga a rota ultrapassada, aquele trabalho extra que requer misturar todos os ingredientes configura fazer uma torta do zero? Em sua tentativa de fazer uma torta do zero, por onde você começaria? Talvez precisasse aprender a cultivar. Depois, talvez precisasse comprar uma terra, montar um sistema de irrigação, adquirir um maquinário pesado (ou pelo menos um cavalo de carga e um arado) e juntar algumas sementes. Talvez sinta satisfação em pensar que, se você plantasse a semente, colhesse, debulhasse e moesse o trigo para fazer a farinha para a massa de sua torta, você teria feito uma torta de maçã do zero. Mas, na realidade, cada semente, individualmente, tem uma origem – cada uma vem de gerações de plantas de trigo. Você nunca saberá a história de cada semente; você pode apenas deduzir que em algum momento no passado alguém descobriu a planta do trigo e reconheceu seu potencial.

De acordo com historiadores, o trigo tem sua origem na região do Levante no Oriente Médio, ao longo do Crescente Fértil. Recentemente, eles precisaram ainda mais a localização para a Turquia, onde o trigo está presente desde 7.500 AEC Até onde sabemos, a sobrevivência do trigo sempre dependeu da luz do sol, da água, do dióxido de carbono e de um solo rico em nutrientes. O trigo demandou agricultores, donos de terra e trabalhadores para processá-lo em farinha. Estou certa de que havia todo tipo de movimentação política em torno da economia e da distribuição do trigo, tanto quanto há hoje em dia.

Você poderia dedicar sua atenção para nada além da origem do trigo por uma eternidade e, ainda assim, nunca chegar a exaurir o tema. Isso acontece porque, ao olhar para a interconectividade de qualquer coisa, você encontrará infinitas histórias, informação, desafios e aventuras, que depois irão se abrir em outras histórias, e assim por diante. Você nunca encontrará conclusões definitivas sobre essa coisa que chamamos trigo. Como todas as coisas, sua natureza não tem fronteiras e está livre das restrições de rótulos designados por você.

E nós nem sequer chegamos às maçãs.

A declaração de Carl Sagan uma vez me inspirou a fazer uma torta de maçã. Era agosto, minha árvore estava carregada de maçãs, o aniversário de meu pai estava se aproximando, e ele ama torta de maçã. Por sorte, a minha querida amiga Peggy Markel, que leva pessoas para fazerem turismo gastronômico exótico em lugares como Marrocos, Itália e Índia, estava me fazendo uma visita. Eu havia planejado colher as maçãs de minha árvore à tarde, antes de sua chegada. Mas, na noite anterior, um urso acabou com todas elas, com exceção de uma única maçã pequenininha, que medrosamente escapou pendurada no topo do único galho que o urso tão tinha arrancado do tronco da árvore. Há muitos condicionantes para a feitura de uma torta de maçã, e algumas vezes o universo parece conspirar contra você! Mas, em vez de ficar interpretando o que aconteceu, simplesmente fui à cidade e comprei um pacote de maçãs de produção local.

Fazer uma boa torta de maçã requer bastante experimentação. Peggy e eu brincamos um pouco, fazendo a massa com as mãos em vez de colocar tudo na batedeira. Fizemos tentativas adicionando mais ou menos água para chegar à melhor consistência. Tivemos de ajustar a temperatura do forno para alta. E há inúmeros estilos de torta de maçã para escolher – rústica, tradicional, o tipo com massa trançada por cima, com *crumble* de maçã ou *tarte tartin*, apenas para nomear alguns. Cada estilo tem sua própria história e local de origem, e nós tentamos inúmeras variações, empregando quase todos os meus utensílios de cozinha, assadeiras e ingredientes. Ficou comprovado que Peggy é incansável quando se trata da ciência da confecção de tortas, e nós adentramos todas as possibilidades.

No fim do dia, me senti orgulhosa, particularmente, de nossa criação mais tradicional, que decoramos com massa no formato de folhas. Senti como se eu tivesse realmente alcançado algo – mas apenas por um momento. As palavras de Sagan voltaram à minha mente para jogar um balde de água fria no meu esnobismo, lembrando-me de que eu não poderia jamais ser a causa única dessa torta. Essa torta não foi o produto da inspiração de uma pessoa – nem de uma receita, uma lista de ingredientes, ou um cozinheiro para executá-la. A criação dessa torta não foi o resultado de uma única causa. Não foi de modo algum um processo linear. De fato, demandou uma participação universal total. Eu acho que isso é o que Sagan quer dizer: uma torta de maçã não é um sistema fechado, ela depende da cooperação do universo inteiro.

À primeira vista, a declaração de Carl Sagan parece nos desafiar a encontrar onde acaba a torta de maçã e onde começa o mundo. Mas suspeito que sua intenção era nos fazer pensar sobre algo que vai muito além de sobremesa. Eu penso que suas palavras queriam nos impelir a explorar quem somos nós em relação ao universo. Sua declaração nos demonstra que o que nós somos – aquele que experimenta – e o mundo que percebemos não são nem o mesmo nem separados, nem um nem dois, mas, em vez disso, compartilham uma relação de interdependência. Você pode aplicar a mesma análise a você mesma. Onde você termina e onde seu mundo começa?

Pense em sua origem. Você pode pensar em sua história como algo linear. Seus pais se conheceram, digamos, na universidade. Pense em todas as causas e condições que tiveram de se unir para que isso acontecesse! Eles poderiam ter ido para universidades diferentes. Ou, mesmo que eles estivessem frequentando a mesma universidade, e se seus amigos não os houvessem apresentado? Ou, tendo sido apresentados, e se um deles não tivesse ficado impressionado? E se um deles tivesse sofrido um acidente fatal logo depois de terem se casado? E se as coisas não tivessem dado certo biologicamente? Quando começa a olhar para a concepção, a gestação e a sobrevivência do feto dentro do útero, você adentra em um universo inteiro de condicionantes. Você irá encontrar a vida de zigotos, células que se dividem e hormônios. Você verá que sua existência esteve à mercê da simples e obstinada "decisão" de um espermatozoide de virar à direita e não à esquerda na encruzilhada das trompas de falópio de sua mãe. E depois, se ele chegasse até o óvulo, o óvulo teria de julgá-lo digno de aceitação. Ainda assim, depois que a concepção acontece, a vida do feto depende ainda de bilhões de outras coisas para vingar – mas, uau, aqui está você. Que milagre.

....

Quais são as causas e condições que trouxeram você até onde está neste exato momento? Faça uso das proezas de sua imaginação – explore. Não despreze sua imaginação considerando-a inválida ou inverossímil. Lembre-se: todos os pensamentos e memórias são imaginários. Mas ainda assim a maneira como você entende seu mundo tem um efeito potente na direção que sua vida toma e em como você gostaria de conduzi-la. Permita-se explorar esse insondável eu que não tem fronteiras, nem começo ou fim – que permanece se abrindo e se abrindo em galáxias de experiências.

....

Quando penso sobre a natureza de pratityasamutpada, me sinto tomada por gratidão e fascínio. Eu posso afirmar que esse é o aspecto de minha mente que mais aprecio – mas ele não é de fato um aspecto da mente. É o que experiencio quando não estou confusa sobre quem eu sou em uma trama mais ampla de coisas. Quando me sinto conectada à natureza infinita da expressão interdependente, eu chamo isso de *graça*.

Talvez você esteja começando a entender como as práticas de pratityasamutpada a ajudam a ver além de uma noção equivocada de um eu singular, permanente e autônomo. Esse ver além do eu é algo que muitas pessoas contemplaram. Einstein uma vez disse que o que nós humanos identificamos como sendo um eu separado é um tipo de delusão óptica de nossa consciência.

O meteorologista Edward Lorenz, enquanto explorava a interconectividade dos padrões do clima, se fez a famosa pergunta: "Uma borboleta batendo as asas no Brasil alavanca um tornado no Texas?". Porque tudo se apoia, algo tão delicado quanto as asas de uma borboleta tem efeitos que reverberam em tudo o que acontece em todo lugar do cosmos e além. Então imagine o que isso significa também em relação a você.

As investigações da tradição do Caminho do Meio deixam claro que autonomia nunca será uma opção. Então, não perca seu tempo tentando se retirar do cenário maior. Você não é grande, e tampouco é pequena. Você não é importante, e tampouco é insignificante. E não é possível afirmar nem negar você. Você não é igual a todas as outras coisas, mas tampouco está separada. Você está além das limitações do pensamento ordinário, e não é possível capturá-la em pensamentos.

Apenas para o caso de você ainda estar se perguntando "Então, quem sou eu, afinal?", em nome do falecido Mr. Sagan, eu irei lhe responder de um modo com o qual eu acho que ele concordaria: "Você é parte da grande natureza da contingência, e tudo o que você faz tem importância".

Vacuidade

> *Porque a natureza de todas as coisas é vacuidade, é possível ver nossa vida como se estivéssemos assistindo a um filme. Podemos relaxar e apreciar o espetáculo.*
> –Dzigar Kongtrul Rinpoche, It's Up to You (É com você)

Eu tinha por volta dos vinte anos quando Kongtrul Rinpoche me introduziu às mesmas três investigações que nós acabamos de realizar aqui. Quando comecei a praticá-las, lutei para conseguir conciliar essas novas ideias com algumas crenças que eu tinha sobre como as coisas são. Minha mente pensante e minha experiência ainda tinham de se unir. Eu estava sempre perguntando a meu professor como era possível que as coisas aparecessem, mas, ao mesmo tempo, não fosse possível encontrá-las. As coisas pareciam reais – afinal, eu podia apontá-las! Pacientemente, ele continuou a me fazer retornar à prática, para que eu pudesse desenvolver confiança com base em minha experiência direta.

Algumas vezes, ele me oferecia alguma coisa pequena em que pensar. Eu me lembro dele me dizer uma vez: "Lizzy, é mágico". Naquele momento, essa afirmação não me satisfez nenhum pouco. Eu resmunguei em silêncio: "Que tipo de explicação é essa?". Mas continuei a examinar porque eu precisava ver por mim mesma. E depois, um dia, quando eu estava levando meu filho para a escola, no que pareceu um instante, aconteceu um clique. Minha mente conceitual se encontrou com a experiência direta – resultado de minha persistência investigativa –, e meu mundo se abriu da maneira mais inesperada e espetacular.

Obviamente, não estou aqui proclamando que depois de ter essa experiência "eu cheguei", que as aparências não mais me seduzem, ou que não sou mais capturada pela realidade das preocupações diárias. Eu sou um trabalho em andamento. Mas, por baixo de tudo isso, tenho um senso do que está realmente acontecendo – eu não estou sendo completamente enganada. Em alguns momentos, quando alguém faz algo que me irrita – mesmo que eu tente me convencer de quão certa estou –, por baixo de tudo isso tenho a convicção de que a maneira como eu vejo a pessoa naquele momento não consegue de modo algum capturar a realidade de quem ele ou ela verdadeiramente é. Posso experimentar medo, raiva ou insegurança, mas eu sei que o objeto de tais emoções, naturalmente, não está restrito às minhas projeções e compreensões equivocadas. Isso ameniza minha usual reação instintiva às coisas. E me dá uma escolha poderosa: tenho a opção de não ser levada pela primeira impressão.

Naqueles raros e preciosos momentos de graça, quando você é capaz de desfrutar da dimensionalidade aberta das coisas, você se sentirá emancipada de seus medos e inseguranças. Você descobrirá que sua habilidade de não estar certa – de ver a natureza ilusória das coisas – libera confiança inabalável, visão clara e alegria dentro de você. Essa não é uma confiança conceitual à qual você ainda pode se agarrar como verdade – é uma confiança que surge da observação direta de que seu mundo continua a se abrir e se abrir, nem por um momento se fixando em coisitude.

O brilho que surge de não se fechar diante das experiências faz de você uma pessoa menos reativa e medrosa, mais flexível, perspicaz e amorosa. Aqueles que praticaram os ensinamentos, ao longo do tempo, têm descrito sua experiência desse modo.

Uma vez, ao receber ensinamentos de Kongtrul Rinpoche sobre um texto particularmente profundo, eu lhe confessei que, quanto mais estudava os ensinamentos de pratityasamutpada, mais eles me surpreendiam. Quanto mais eu os investigo e estudo, mais vejo que apenas toquei a superfície de algo muito profundo. E ele respondeu: "Eu também".

Quando percebi que a experiência que ele tinha dos ensinamentos era similar à minha, eu também percebi que o surgimento das qualidades de fascínio e humildade são uma indicação de que os ensinamentos ganharam vida dentro de você. É importante que você saiba que essa prática leva a saber menos e fascinar-se mais, e este, na verdade, é apenas um modo de falar sobre um tipo de sabedoria mais profunda. Para mim, ficou claro que esse lugar de fascínio é o lugar a partir de onde eu quero viver.

Talvez dê a impressão de que estar convicto da natureza não encontrável das coisas conduza a um tipo de indiferença ou imunidade em relação ao sofrimento. Mas posso afirmar que de modo algum essa prática a torna invulnerável à vida. Na verdade, o que acontece é bem o contrário disso. Os ensinamentos e as práticas de pratityasamutpada ampliam sua capacidade de incluir todos os aspectos da vida em sua experiência. Assim, aceitar que você não conhece as coisas de maneira definitiva não é o reconhecimento de uma perda ou de um fracasso. O fato é que as coisas sempre foram não encontráveis e ilusórias, logo, não há nada a perder. Mas há algo a ser ganho: herdar o poder precioso e extremamente raro de escolher entre viver na ignorância ou viver a partir do insight liberador de pratityasamutpada.

Dzogchen Ponlop Rinpoche, um professor contemporâneo do budismo tibetano que tem contribuído grandemente para a propagação da sabedoria de pratityasamutpada no Ocidente, uma vez brincou com um grupo de estudantes dizendo: "Se vocês querem que as coisas sejam reais, não as analisem!". É verdade. Você não precisa necessariamente olhar para a natureza das coisas. Mas a grande questão é: por que você não faria isso? Quem ativamente não iria querer viver uma vida de acordo com a fluida e mágica – sim, *mágica* – natureza das coisas? Você iria preferir enganar a si mesma para poder evitar essa magia?

A sabedoria de pratityasamutpada veio de uma realização profunda, mas completamente simples. O Buda descreveu este insight em sua famosa declaração na manhã de seu despertar, quando ele disse: "Isto sendo, aquilo se torna; do surgimento disto, aquilo surge; isto não sendo, aquilo não se torna; da cessação disto, aquilo cessa"[6].

Mesmo depois de algum estudo, é possível não perceber a nuance de suas palavras. Elas podem parecer óbvias. Você observa a lei de causa e efeito em um nível grosseiro e a interpreta como coisas estando em relação umas com as outras. Mas o Buda nos alertou a não parar por aí. Ele descreveu a realização de pratityasamutpada como "profunda, sutil, difícil de perceber e que demanda insight"[7]. O fato de que tudo se apoia nos oferece mais do que apenas nos fazer ver o mundo das relações. Leva-nos ao processo de compreender diretamente que nós nunca encontraremos nada que possamos identificar como sendo singular ou muitos, nem inerentemente permanente ou impermanente, nem o mesmo ou separado de outras coisas. A verdade é que nós nunca iremos encontrar essas assim chamadas coisas que estão em relação com outras.

O Buda tinha um nome para a natureza não encontrável das coisas. Ele a chamava de "vacuidade", ou *shunyata*, em sânscrito. *Vacuidade* é uma palavra dura para a maior parte das pessoas. Parece imediatamente rejeitar o mundo das aparências. Quando as pessoas ouvem a palavra vacuidade, elas normalmente a associam ao nada, como um vácuo ou um buraco negro. Quando alguém lhe sugere que as coisas são vazias, você pode ter a sensação de que essa pessoa está lhe convidando para uma festa em um apartamento localizado em uma parte deserta e sombria da cidade, onde não há calefação, comida, música nem vinho. Quando introduzidas à noção de vacuidade, as pessoas frequentemente entram em pânico, ficam com raiva – até insultam, como se você estivesse tentando roubar-lhes seu encanto pela vida. Elas dizem: "Eu entendi que você tinha dito que tudo estava em relação! O que você quer dizer com não há coisas?". Algumas

---

6   Majjhima Nikaya II.32.
7   Macy, *Mutual Causality*, 63.

vezes eu consigo literalmente ver a receptividade se esvaindo de suas investigações quando a ideia de vacuidade é introduzida.

No entanto, do mesmo modo que meu professor fez comigo, eu sempre lhes recordo: "Não se preocupem; vocês não irão perder sua conexão com as relações. Ninguém pode tirar a natureza da interdependência de vocês! É impossível". Você não pode tirar as cores e os arcos do arco-íris. Sementes de maçã irão sempre produzir macieiras. Ao mesmo tempo, você é capaz de negar que essas coisas que surgem em dependência de outras coisas não podem ser compreendidas como sendo uma entidade singular, permanente ou autônoma por elas mesmas? Todas as coisas desafiam os atributos artificiais que nós usamos para defini-las, tais como ser existente ou não existente, verdadeira ou falsa, real ou não encontrável.

Se você deixar um pouco de lado as definições comuns de vacuidade, talvez descubra que o conceito é muito mais amigável do que você pensa – e mais fácil de entender também. A propósito, o termo descritivo *dimensionalidade aberta* é a interpretação informativa que um tradutor fez de vacuidade. É como se você quase pudesse dizer que a vacuidade é cheia, porque, quando você vê a natureza de dimensionalidade aberta das coisas, entende que a vacuidade inclui a conectividade, a comoção e a intensidade de estar vivo.

Quando nós falamos de sabedoria dentro da tradição do budismo Mahayana, nos referimos ao insight sobre a natureza da vacuidade. Tal sabedoria descreve sua habilidade de apreciar e se sentir tocada pela intensidade da vida sem tentar capturá-la ou rejeitá-la. Nenhuma aparência pode ofuscar a sabedoria que conhece a vacuidade. A mente que conhece a vacuidade não confunde o mapa com o território, nem se aferra à certeza ou à verdade. Ela vê claramente a relação de interconectividade entre as coisas, sem perder a visão mais ampla ao se fixar à realidade. Sabedoria aqui descreve a experiência de encontrar seu lugar na natureza infinita da contingência.

Uma profunda sanidade surge disso. É a essa experiência de sanidade que me refiro quando falo em graça.

Talvez, neste ponto, você possa ver que mesmo no início deste livro, quando começamos a questionar as limitações da sensação de estar certos, nós já estávamos adentrando a sabedoria de conhecer a vacuidade. Na realidade, estivemos falando de vacuidade todo o tempo.

As duas verdades: nem duas nem verdades

> *Nunca existiu como qualquer coisa que seja, porém se manifesta de todas as formas possíveis.*
> – *Longchenpa*, The Basic Space of Phenomena
> (O espaço básico dos fenômenos)

Neste ponto, talvez você se sinta pelo menos ligeiramente convencida de que as coisas não possuem características intrínsecas por si mesmas. Você pode inclusive ter tido alguma experiência direta na prática de olhar e não encontrar, e ter tido um vislumbre da natureza ilusória da aparência. Mas, como a maior parte das pessoas, você provavelmente acha desafiador se questionar sobre, digamos, os muitos princípios políticos ou éticos com os quais tem uma ligação emocional ou intelectual. Talvez soe como uma negação questionar as suposições que você tem a respeito de algumas verdades profundamente pessoais, como, por exemplo, aquelas que você desenvolveu a partir das circunstâncias de sua própria história pessoal.

Você pode concluir: a vacuidade parece ótima, mas e a mudança climática? Não me diga que isto não existe. Não me diga que minha irmã não tem câncer ou que minha mulher não está tendo um caso, que minhas costas não doem, ou que eu não estou apaixonado. E, especialmente, não me diga que os Republicanos têm um programa político melhor do que o dos Democratas. Qualquer pessoa bem ajustada e sã – como eu – teria de concordar que essas coisas são verdades.

Quando separamos o espiritual do temporal desse modo, nós impedimos que o insight penetre a delusão. Em outras palavras, não há como trabalhar com a natureza da expressão interdependente se nós a reificamos. Essa separação entre insight espiritual e a "realidade" da vida diária faz com que a espiritualidade pareça impraticável e algo que funciona apenas para aqueles que estão isolados. "Sim", você pode argumentar, "meditação e orações podem me ajudar a relaxar e encontrar equilíbrio, mas, fora isso, elas não oferecem espaço para aqueles de nós que vivemos no mundo real e lidamos com problemas reais."

É importante entender que, quando nós estamos questionando as coisas – particularmente as circunstâncias dolorosas ou desafiadoras que enfrentamos individualmente ou em sociedade –, não estamos rejeitando a vida como ela se apresenta para nós. O que estamos questionando, no entanto, é o modo como nós olhamos para as coisas. Por exemplo, questões como mudança climática não são coisas singulares, permanentes ou independentes, como discutimos longamente; ao contrário, elas são dimensionalmente abertas, dinâmicas e conhecidas por meio da subjetividade. Nosso grande desafio enquanto seres humanos é aprender a reconciliar a natureza das coisas com suas expressões.

Um brilhante e renomado erudito do budismo tibetano do século XIX, Je Mipham Rinpoche, abordou a artificial separação entre o espiritual e o temporal comparando-a ao comportamento de um elefante. Elefantes rolam na água para se lavar da sujeira e depois rolam na sujeira para se secar. Seu exemplo dramatiza com humor uma compreensão profundamente equivocada, que se expressa por meio das ideias de que nós temos de escolher entre algo ser certo ou errado, real ou irreal; que não temos opção a não ser afirmar ou negar a experiência; e que não há possibilidade de reconciliar o espiritual com o temporal. Este modelo binário, ao qual aderimos com frequência, é descrito na tradição budista como "a confusão do pensamento dualista". Olhar para as coisas através das lentes de verdadeiro ou não verdadeiro, como nós temos discutido ao longo deste livro, não é exatamente uma postura que leve em conta as nuances da vida.

Mipham Rinpoche foi profundamente influenciado por um grande mestre que viveu muitos séculos antes dele, Nagarjuna. Você pode chamar Nagarjuna de gênio espiritual, porque seu insight sobre a interdependência era profundamente refinado, mas seu entendimento não se ateve simplesmente ao reino do intelecto. Para ele, pratityasamutpada ganhou vida com a experiência da liberação. Isso significa que ele podia ver a natureza ilusória e mágica da interdependência, e experienciava liberdade ilimitada sem qualquer traço de compreensão equivocada. E o modo como ele apresentou os ensinamentos de pratityasamutpada sacudiu o mundo do budismo Mahayana.

Nagarjuna entrou em cena em algum momento do século II e é conhecido como o patriarca da Madhyamaka ou Escola do Caminho do Meio. Nagarjuna reconheceu que os ensinamentos sobre o surgimento dependente situam-se no epicentro do caminho do Buda, e lapidou e esclareceu seu significado, reenergizando os ensinamentos da tradição Mahayana.

Nagarjuna se baseou em um modelo ou estrutura que ajudou a reconciliar um profundo mal-entendido que temos sobre a natureza da realidade, chamado de as Duas Verdades. As Duas Verdades são conhecidas de forma mais detalhada como a verdade relativa e a absoluta.

A verdade relativa é um rótulo concernente a qualquer coisa que se expresse, que se mova ou ocorra, que possa ser conhecido ou conhecer a si mesmo, e assim por diante, graças a sua relação com outras coisas. Claro, como temos explorado, isso inclui basicamente tudo o que você pode perceber e imaginar, porque nada está fora da natureza de pratityasamutpada. Você poderia definir verdade relativa como aquela que apenas encontra significado, características definidas, valor e eficácia na dependência de outras coisas. Assim, coisas relativas não possuem nenhuma verdade intrínseca, mas, ao contrário, têm uma função provisória em contextos específicos. Para resumir, se você entende que tudo se apoia, você naturalmente entende o que significa verdade relativa.

A verdade absoluta, por outro lado, é um termo convencional para a natureza não encontrável ou para a dimensionalidade aberta das coisas. Apesar da natureza de todas as aparências relativas ser vazia (uma vez que nada possui características intrínsecas por si mesmo), não há qualquer razão para negar a experiência em um nível relativo e prático. A vacuidade não nega a aparência. As coisas são simplesmente vazias *porque* elas são mutuamente dependentes. Supor que as coisas, intrinsecamente, possuem características objetivas é uma compreensão equivocada de sua natureza. Não entender a natureza das aparências é a base para o engano, a delusão e a reatividade. Se, por outro lado, você se lembrar da dimensionalidade aberta da experiência, a verdade absoluta da vacuidade, ela irá influenciar suas ações, e você será capaz de responder à vida com base em uma visão clara.

Não há essencialmente nenhum conflito entre a verdade relativa e a absoluta, do mesmo modo que não há conflito entre a aparência de um arco-íris e sua natureza não encontrável. Vacuidade e aparência parecem estar em oposição apenas quando nós artificialmente separamos a natureza das coisas de sua aparência. Elas entram em conflito apenas quando nós pensamos que as coisas têm de ser ou reais ou irreais, quando pensamos que nossa única opção é afirmá-las ou negá-las, ou decidir se algo é ou não é. Minha sugestão é esta: retire a conjunção *ou* dessas sentenças e olhe-as por um ângulo diferente.

Um modo efetivo de explicar a relação entre as verdades relativa e absoluta seria usar a palavra *porque* (em vez de *ou*) e colocar desse modo: "É *porque* tudo se apoia que todas as coisas são vazias de características que lhes definam". Em outras palavras, é porque nós não conseguimos encontrar nada que exista fora da natureza das relações contingentes, que todas as coisas são livres ou vazias dos restritivos rótulos que nós lhes conferimos.

Nós também podemos virar essa sentença ao contrário e olhá-la a partir de um outro ângulo de não oposição. Nós podemos dizer: "É *porque* tudo é vazio ou livre de verdades definitivas, que o mundo da expressão infinita *pode* surgir, desimpedido". Algo que não fosse vazio e que possuísse suas próprias características intrínsecas, por definição, estaria fora da natureza das relações contingentes. Tal coisa seria um sistema fechado e não poderia estar em relação com nada, e, nesse caso, você nunca iria encontrá-la. Nada se moveria – tudo seria inerte. Você não poderia experienciar nada porque (não estando em relação com qualquer outra coisa) nada seria passível de ser conhecido. Quem poderia falar sobre algo assim?

Por isso, eu gostaria de enfatizar *porque* como a palavra operativa aqui, uma vez que ela nos auxilia a conceitualmente estruturar a relação entre natureza e aparência. Ela nos ajuda a entender que a verdade relativa sempre teve simpatia pela vacuidade. Isso foi enfaticamente afirmado no mais conhecido de todos os textos budistas – o *Sutra do Coração* –, quando o Buda, por meio de Avalokiteshvara, revelou ao seu discípulo Shariputra: "Forma é vazio, vazio é forma. Forma nada mais é do que vazio, vazio nada mais é do que forma".

Isso significa que não há conflito entre a aparência de uma coisa e o fato de ela não ser encontrável. Na realidade, depois de olhar as coisas desse modo, você não pode dizer que aparência e vacuidade são uma só, mas tampouco pode dizer que elas são duas – não pode dizer que são a mesma coisa, e não pode dizer que são coisas separadas. Aparência e vacuidade compartilham uma relação similar à água e gelo. Você não pode separar o gelo da água, mas tampouco pode dizer que eles são a mesma coisa. Quando você olha para a natureza da aparência, descobre que todas as coisas são vazias de uma realidade independente. E, graças exatamente a essa ausência de existência verdadeira, o mundo das aparências expressa a si mesmo por meio da natureza do surgimento dependente. O grande propósito da tradição investigativa do Caminho do Meio é entender essa equação extraordinária.

Ironicamente, o que Nagarjuna chamou de Duas Verdades não são exatamente duas; nem são verdades, mas um modo de estruturar a experiência de forma a conciliar seus dois aspectos aparentemente diferentes: a forma como as coisas aparecem e funcionam, e o verdadeiro modo de ser delas, ou sua natureza. Ele se refere a esses aspectos como as Duas Verdades para dar à nossa mente dualista algo com o qual trabalhar. Ainda assim, como você verá, elas não são coisas separadas, mas simplesmente um modo de falar sobre aspectos da amplitude da experiência.

Aliás, Nagarjuna inclusive chamou atenção para isso ao nos alertar sobre os perigos de nos aferrarmos a essas duas verdades como verdadeiras. A verdade relativa não pode ser encontrada por meio da investigação. E a assim chamada verdade absoluta simplesmente não é uma coisa. A verdade absoluta aponta para a experiência de conhecer a natureza e a aparência das coisas de um modo não confuso. De tal forma que se apegar ao absoluto como verdade transformaria o antídoto – o insight sobre a natureza vazia da realidade – em uma coisa ou um dogma, e, neste caso, não poderia haver uma visão que atravessasse a delusão. A mente teria de se fechar a fim de conhecer ou reificar seu objeto, o que impediria a visão clara. Qual a utilidade desse tipo de realização?

Seria mais útil ver os ensinamentos de Nagarjuna sobre as Duas Verdades como um meio ou uma ferramenta – mais do que uma verdade – que nos ajuda a usarmos prajna, ou discernimento preciso, para penetrar enganos que temos sobre como as coisas são. É por definição algo prático. Desafia a mente que pensa como um elefante, e esse desafio é o que precisamos para que o insight ocorra. A sabedoria que surge de ver a natureza vazia das coisas continuará a perturbar a mente que se aferra a verdades – e nisso está sua beleza.

CAPÍTULO 3
Fé: além da crença e da dúvida

A lógica da fé

Agir com fé

Tenha o cuidado de não chegar a conclusões, para que possa compreender o incompreensível.
— Saint Bonaventure

Nós temos explorado como, porque todas as coisas se apoiam, o mundo não se deixa ser conhecido de uma maneira determinada. Isso gera humildade, não é? Viver com humildade e curiosidade tem muito a ver com fé. A fé implica que há algo que não sabemos – se nós já soubéssemos, não precisaríamos da fé. Mas há algo mais na fé do que simplesmente não saber. O termo fé sugere um senso de confiança em face do não saber, uma profunda apreciação pelo mistério e pelo maravilhamento, e um desejo de ser afetado pela vida em vez de retrair-se dela ou pensar que é possível consertá-la.

Como disse antes, eu gostaria de introduzir uma definição básica de fé que alcance o coração da condição humana. Fé, conforme apresentada aqui, não é algo que você tem ou não, ou algo que precise adquirir. É um modo de participar da vida: é ativa, mais como um verbo, como em agir com fé[1]. Em outras palavras, vamos considerar a fé não como uma verdade, mas como uma prática ou um modo de ser.

Nós passamos muito tempo investigando a natureza das coisas. Praticamos bastante o procurar e não encontrar, o que nos levou à compreensão de que a vida – devido à sua natureza de dimensionalidade aberta – desafia definições. Reconhecer e viver de acordo com essa realização é agir com fé. A fé tem uma qualidade de entrega a algo maior que o limitado mundo de nossas crenças e dúvidas. Mas não pede que você cegamente confira poder a algo fora de si mesmo, bem longe disso. Agir com fé é uma troca lúdica que acontece entre seu próprio discernimento e o mundo que você experiencia. É intui-

---

1 N.T.: A expressão que a autora usa em inglês é o neologismo *faithing*.

tivo e responsivo. Você pode, a qualquer momento, encontrar algo que afete você e evoque um senso de humildade e curiosidade em sua mente. Mas o objeto encontrado sozinho não é o que causa o surgimento da fé. Você tem de reconhecer o objeto como algo de valor. Reconhecimento, inspiração e apreciação surgem como qualidades naturais de sua própria mente. Você pode entender agir com fé como uma dança entre seus ditos mundos interno e externo.

Agir com fé expressa a busca pelo estado de graça nas relações. Esse caminho tem início no momento em que você começa a se perguntar sobre seu lugar na grande natureza da contingência infinita. Essa era a intenção do Buda. Nos sutras, ele nos alertou para que não considerássemos o caminho como uma verdade, mas como um meio. Ele perguntou: "O condutor do barco carrega o barco em suas costas tendo chegado à margem oposta?". Ele queria que nós considerássemos que, como o barco, nosso caminho serve como um veículo que nos transporta para além da mente confusa e reativa. Ele nos encorajou a ver o caminho como uma aventura mutável e viva, não uma verdade ou um dogma ao qual se aferrar. Desse modo, o caminho e nossa lealdade a ele se tornam uma experiência dinâmica e viva.

Quer você se comprometa com uma prática espiritual formal ou não, deve trilhar seu próprio caminho, e isso requer que você se relacione com o mundo no qual vive. Não importa quanto resista à ideia da fé, você nunca irá encontrar um modo de se retirar da natureza de pratityasamutpada, o que significa que você nunca irá conhecer nada de maneira definitiva. Ao compreender isso, a fé faz total sentido. Mas, se quiser, pode tentar apegar-se a estar sempre certo. E, claro, você não precisa ter uma experiência de humildade. Você provavelmente se apega muito. Mas, no fim, você perguntará a si mesmo se apegar-se lhe oferece a segurança que tanto busca. De fato, fixar-se em ter segurança em um mundo no qual todas as coisas se apoiam umas nas outras é a receita perfeita para a dúvida, para a decepção e para o estresse.

A lógica da fé

Agir com fé, por outro lado, nos oferece confiança e um lugar de descanso. Mas um tipo diferente de confiança – baseada em humildade e abertura. Por humildade eu não me refiro a se sentir pequeno ou diminuído, do modo como normalmente descrevemos alguém como sendo um "capacho". Humildade aqui refere-se a estar livre da convicção de estar certo e da reificação. Esse tipo de humildade protege você de ficar preso. De forma que, ainda que o processo de viver possa por vezes se mostrar duro e desafiador – sem dúvida você terá sua cota de encontros com circunstâncias indesejadas –, pode ter certeza de que, se você se mantiver aberto, o mundo irá lhe ensinar enquanto você caminha, e você se sentirá vivo.

Nós temos explorado a fé como uma experiência individual, mas também podemos abordar o tema enquanto uma narrativa cultural. Hoje em dia, em muitos círculos, a fé tem sido vista quase como um palavrão. As pessoas descartam linhagens completas de sabedoria porque elas associam fé a extremismo e pensamento retrógrado. Você pode encontrar um vasto espectro de decepções culturais em torno da fé quando se trata de coisas como organizações religiosas ou a instituição do casamento. Você talvez aposte muitas fichas nisso também, até se ver face a face com a bagunça da sua própria humanidade e a dos outros.

É claro, tais decepções surgem de expectativas não correspondidas, de forma que, em certo sentido, a coisa toda já estava fadada ao fracasso desde o começo. Porque acreditou, não havia outro destino para você a não ser a dúvida. Você verdadeiramente nunca entendeu que a vida jamais concordou em cooperar com seu senso de justiça. O que você pode ter chamado de "a igreja", "meu esposo ou minha esposa", ou "meu corpo", nunca foi algo singular, permanente ou uma entidade independente na qual você poderia tomar refúgio. O cinismo e a decepção que você pode ter sentido em relação à fé vieram da compreensão equivocada que você mesmo tinha a respeito da natureza das coisas desde o início.

Fé: além da crença e da dúvida

Hoje em dia, muitas pessoas associam fé a fundamentalismo e dogma, mas, se você olha para a qualidade dessas experiências, encontra uma quantidade enorme de expectativas e senso de certeza. Apegar-se a estar certo e deixar-se tomar por humildade, ou seja, agir com fé, refletem dois modos diferentes de responder à condição humana. O fundamentalismo surge da tentativa de encontrar um refúgio duradouro em um mundo mutável. Ele não possui a flexibilidade que acolhe a diversidade de ideias e experiências. Você pode explorar por si mesmo a diferença entre sentir que está certo e a confiança que vem de sua habilidade em aceitar a natureza abundante e desconhecida da vida. Aceitar as coisas como elas são – agir com fé – traz conforto, insight, bravura e compaixão profundos. Você pode inclusive começar a se perguntar se você tem alguma outra escolha a não ser agir com fé.

Olhar para palavras e experiências tão de perto como temos feito elucida as suposições que poderiam de outro modo permanecer trancadas na linguagem. Pensamentos e ideias são poderosos, e eles ditam como nós vemos o mundo e a direção para a qual nos movemos. Deixar claras as diferenças entre senso de certeza, fundamentalismo ou expectativa e fé genuína nos libera de hipóteses vagas e nos oferece a escolha de investigar claramente a complicada situação humana e atuar nela. Nossa habilidade de agir com fé – ou não – tem papel fundamental em determinar a qualidade de nosso bem-estar.

Então, não vamos dispensar a fé tão apressadamente. Afinal, não é culpa da fé que nós a usemos como sinônimo para expectativa, dogma e sensação de certeza. Mesmo os maiores cínicos e teóricos da conspiração – aqueles que resistem à própria noção de fé – têm fé em suas ideias. Simplesmente por estar respirando e seu coração estar bombeando sangue dentro de seu peito, você nunca será capaz de escapar da necessidade da fé, e por que você iria querer fazer isso? A complicada situação humana literalmente esbarra em você dia após dia, convocando sua coragem e inteligência, implorando-lhe que preste atenção à vida como ela é, encorajando-o a deixar-se entregar à humildade. Por quanto tempo você vai conseguir ignorar isso?

Acreditar

> *No começo do período moderno, os ocidentais se apaixonaram por um ideal de absoluta certeza que, ao que parece, é inatingível. Mas porque alguns são relutantes em renunciar a ele, trataram de fazer uma compensação exagerada, alegando serem certezas crenças e doutrinas que apenas podem ser provisórias.*
>
> – Karen Armstrong, The Case for God

Uma vez, quando minha amiga Maryanne e eu estávamos andando a cavalo juntas nas planícies abertas do San Luis Valley, no sul do Colorado, ela me perguntou se eu acreditava em reencarnação. Eu tive dificuldade com a pergunta, não por conta da parte da reencarnação, mas por causa do modo como ela usou o termo *acreditar*. É um pouco como uma armadilha. Perguntar "Você acredita?" força quem está respondendo a fazer uma escolha entre verdadeiro ou falso – entre afirmar ou negar algo –, o que, ao fim, se resume em estar certo ou errado sobre como as coisas realmente são. Para mim, esse uso do termo *acreditar* traz com ele uma maneira limitada de ver as coisas, um distanciamento das qualidades mais abertas e curiosas da mente que eu aprendi a apreciar ao longo de meus anos de prática investigativa.

As pessoas costumam dizer coisas como: "Eu acredito em Deus". Ou elas podem acreditar no Buda, no paraíso ou no carma. Algumas pessoas só acreditam no que veem com os próprios olhos. Algumas vezes – especialmente em canções – as pessoas dizem: "Eu acredito no amor". Mas apenas acreditar no amor não se compara à experiência de oferecer ou experimentar amor. Não leva em consideração a situação de alguém lidando com um coração partido, a perda de um ser amado, a complexidade das relações ou a ironia de que, ainda que as pessoas valorizem o amor, nós simplesmente não achamos muito dele em nosso mundo. Como temos explorado por meio da investigação analítica, mesmo que você possa se apegar às crenças como verdades, elas nunca irão corresponder à completa e dinâmica natureza das coisas. Crenças não são suficientemente práticas ou exploratórias para que isso possa acontecer.

Eu não gostaria de definir crença para você. Não há certo ou errado aqui. A linguagem em si não faz com que algo seja verdadeiro; apenas provê um canal de comunicação e exploração. Eu menciono tudo isso porque quero encorajar você a pensar sobre como usa o termo. Como eu, você pode achar a palavra *acreditar* uma maneira inadequada de comunicar o que você valoriza ou experimenta. Em outros contextos, acreditar pode funcionar perfeitamente para você. O termo *acreditar*, para minha amiga Maryanne, poderia ter um significado completamente diferente do que tem para mim. Por exemplo, acreditar pode significar uma ideia com um forte senso de direção. Você pode dizer, "Eu acredito em você", para encorajar um amigo ou amiga a colocar em prática o sonho de voltar a estudar, escalar uma montanha ou sair de uma depressão. "Você consegue!"

Acreditar não é algo que tenha de se concretizar. Na Índia, por exemplo, é comum passar por uma árvore com um curioso cordão amarrado em seu galho e descobrir que alguém já esteve ali e deixou uma flor como oferenda. Alguém se sentiu tocado e fez algo. Em casos como esse, acreditar se manifesta como uma qualidade de fascínio, respeito e apreciação pelo movimento e mistério da vida.

Vale a pena olhar para a etimologia da palavra *acreditar*, que as pessoas normalmente usam de forma intercalada com a palavra *fé*. Em seu livro *The Case of God*, Karen Armstrong explica que, quando o Novo Testamento foi traduzido para o latim durante o século IV, a palavra usada para o grego *pisteo* ("eu acredito") foi a palavra latina *credo*, que naquele tempo carregava um sentido de algo como "eu entrego meu coração". A Bíblia King James usou em inglês a palavra *believe*, a partir da palavra alemã *belieben*, que significava "dar valor", "ter apreço" ou "jurar aliança por meio do serviço". Em contextos religiosos, *believe* se referia a acreditar em uma doutrina específica.

     No final do século XVII, uma época que historiadores consideram como o começo do período moderno, um tipo de civilização completamente nova emergiu, governada pela racionalidade científica e baseada no investimento de capital. Nós começamos a utilizar o termo *acreditar* para descrever a aceitação mental de fatos, e não mais para falar sobre uma resposta ao movimento e mistério do mundo ao nosso redor. O que não éramos capazes de encaixotar, começamos a desconsiderar como sendo superstição ou ingenuidade. Desde esse ponto de vista, rebaixamos a fé à categoria de mitologia, enquanto fatos e empirismo pertenciam ao pensamento pragmático e realista preocupado com a verdade.

     Olhar por meio de lentes voltadas para definir se algo é verdadeiro ou não reduz a abundância e o mistério da vida a uma ideia, a uma conclusão subjetiva. Afinal, a suposição de que aquilo que você pensa e percebe é verdadeiro também não é um gigantesco salto de fé?

     Minha cunhada, Dickey Lama, uma vez me contou uma história. Ela nasceu na Índia, filha de pais tibetanos, e cresceu ouvindo, como histórias para dormir, as hagiografias de grandes santos budistas. Mas, como muitos de sua geração, Dickey também recebeu uma educação ocidental e possui a inteligência crítica que necessariamente surge de viver em uma cultura contemporânea.

     Um dia, ela trouxe para a mãe um vídeo de produção local e de baixo orçamento, que um vizinho havia feito e que contava a vida de Padmasambhava, o santo tibetano que trouxe o budismo da Índia para o Tibete no século VII. Biografias espirituais o descrevem como mágico. Ele podia voar e aparecer em muitos lugares ao mesmo tempo. Ele podia esconder escrituras sagradas dentro de elementos naturais, como pedras e o éter do espaço, para garantir a preservação dos ensinamentos budistas a gerações futuras. Ele manifestou comportamentos nada convencionais, bebia álcool, furiosamente subjugou forças negativas e ficou conhecido por ter muitas consortes espirituais.

Em uma de suas muitas e famosas aventuras, Padmasambhava perambulou por um reino no norte da Índia e se aproximou da filha de um rei, que casualmente era uma monja. O rei expressou seu desagrado com a situação, ordenando que seus súditos preparassem uma pira de madeira para queimar Padmasambhava. Mas o herói não queimava. Em vez disso, a área ao redor da fogueira transformou-se em um lago, e Padmasambhava permaneceu intacto. Humildemente, o rei lhe ofereceu sua coroa e manto.

Você deve estar se perguntando como um grupo de produtores audiovisuais amadores da vizinhança conseguiu reconstruir essa cena. O ator protagonista do drama ficou no centro de uma pira de madeira, na qual os produtores tinham entrançado pedaços de papel crepom vermelho, amarelo e laranja para dar a ilusão de fogo. Eles colocaram um ventilador no set de filmagem para fazer o papel se mover e criar ruído. Era possível ouvir seu zunido como som de fundo durante toda a cena. Naturalmente, tendo visto muitos filmes de Hollywood bem produzidos, minha cunhada não pôde deixar de perceber a má qualidade da produção e começou a rir. Mas, quando ela se virou para o lado, viu a mãe profundamente comovida, com lágrimas caindo pela face.

A história vividamente ilustra como as diferenças nas visões de mundo causam diferentes interpretações da mesma experiência. Dickey me contou essa história com o mais profundo respeito por esse modo direto e humilde de responder à vida, tão presente na antiga geração de tibetanos e em outras culturas indígenas. De um ponto de vista contemporâneo, pode parecer ingenuidade, mas, se você testemunhar essas qualidades de abertura e vivacidade, elas farão com que perceba que há algo a ser aprendido com "os antigos". Como pessoas da cultura contemporânea, nós arrogantemente consideramos que detemos melhor a realidade. Mas uma produção de Hollywood que fosse mais crível não teria apenas nos oferecido uma ilusão mais bem polida?

Crenças engessam você ao interromper o fluxo de sua curiosidade. Se quiser provocar um corte abrupto na vivacidade de uma investigação, crenças como "Pessoas que têm fé são ingênuas", "Bob é o namorado perfeito", ou "O mundo é uma bagunça" são infalíveis. Crenças são aproximações vagas – como mapas – que, se equivocadamente tomadas como verdades, separam você da primazia da experiência. Sim, você pode encontrar muitas evidências de que o mundo é uma bagunça, mas, se faz disso uma crença, você perderá uma série de acontecimentos extraordinários no processo: aquele nascer do sol luminoso, todos aqueles momentos em que as pessoas são capazes de colocar de lado sua preocupação consigo mesmas e ser úteis para alguém que precise, todas as exóticas danças de acasalamento entre pássaros, piadas engraçadas e gargalhadas incontroláveis. Você vai deixar de considerar uma folha de outono caindo de uma árvore, uma chuva de meteoros, ou um momento de deslumbramento. E, sim, há corações partidos também. Quem poderia discordar disso? Mas você não pode dizer com exatidão que tudo o que existe são corações partidos.

Pode ser que a abundância da vida assuste você. Você não está habituado à insuportável vastidão de ser. Quando você se sente dominado pela incerteza, quando se sente ameaçado ou machucado, pode ser que opte pela segurança da certeza de sua história, se afunde em culpa, ou conclua que o mundo é mesmo um lugar terrível. Esse é um modo bem eficaz de se retirar da vida. Sim, você pode se aferrar a suas visões – é uma maneira de viver –, mas apenas saiba que você tem a opção de tomar uma direção de mais empoderamento. Você tem a escolha de colocar os pés para além das fronteiras de verdade ou inverdade, e experienciar a glória ilimitada da vida.

Agora, vamos retornar à pergunta de Maryanne sobre reencarnação. No coração de sua questão está a suposição de que o eu existe agora e que, em algum momento no tempo, irá se extinguir. Mas como esse eu veio a existir em primeiro lugar? Será que ele, súbita e espontaneamente, surgiu do mero nada, sem causas e condições? Se foi assim, quando ele deixou de ser nada e passou a ser uma coisa? Você pode buscar rastrear a coisitude em muitas causas e condições, mas, quando você faz isso, pode não encontrar nada que seja uma entidade singular, permanente e independente. De fato, você continuará esbarrando na natureza da contingência infinita. Então, em que momento esse eu – essa coisa que você não consegue encontrar – se torna uma não-coisa? E, na hora da morte, para onde uma nãocoisa iria?

Ainda que isso pareça muito intelectual, nossa relação com a existência e a extinção é uma crença emocional profundamente enraizada. E é uma crença que gera medo. Todo mundo está sujeito a perdas, separação e morte. Você tem uma relação íntima com esse senso de existência autônoma, singular e permanente, e funciona em um modo de sobrevivência constante – uma tentativa desesperada de se agarrar ao chão e um medo de perdê-lo. Quanto mais você se agarra, mais se sente dominado por estresse, ansiedade e pelo medo da extinção e da perda.

Se você começa a olhar para a reencarnação de um modo investigativo, ela irá transportá-lo para fora do estreito paradigma de é e não é. E isso criará espaço para algo vívido e inteligente ocorrer. Quando eu olho para a reencarnação desse modo, vejo que ela se torna um instrumento poderoso com capacidade de direcionar o modo como eu entendo e vivo minha vida. Ela me ajuda a me ver além da ideia que tenho de mim mesma como um eu singular e separado que irá, em algum momento no futuro, ser extinto. E olhar além disso me aproxima da beleza, da abundância e do mistério da vida, algo que está livre das noções que tenho de mim mesma, da minha extinção – ou mesmo da minha reencarnação. Por esta razão, eu não vejo necessidade alguma em acreditar ou não acreditar na reencarnação.

Dúvida

> *Se algum dia eu me tornar uma Santa, certamente serei uma Santa da "escuridão". Eu continuamente irei me ausentar do Paraíso – para acender a luz daqueles em escuridão na Terra.*
> – Madre Teresa de Calcutá

No final dos meus trinta anos, eu entrei em um retiro longo na área de retiro de nossa comunidade em Crestone, Colorado. Eu me lembro de um momento, quando estava sentada na beira da cama em minha cabana de retiro, localizada no alto de uma montanha, em que olhei para fora pela janela e senti um doloroso distanciamento de minha prática de meditação. Eu ansiava por um sentimento de inspiração, devoção ou compaixão, mas nada disso surgiu. O que você faz quando se depara com um período de seca espiritual ou se confronta com experiências duras e não desejadas? O que acontece quando a espiritualidade se mostra de um jeito que não é confortável para você, quando surge dúvida, quando alguém de sua comunidade espiritual faz algo que você não compreende, ou quando você simplesmente não consegue acessar o calor de sua prática?

À medida que meu retiro progredia, eu comecei a adentrar essas perguntas. Minha luta, logo percebi, era instigada por preferências sutis que eu tinha sobre o que deveria e não deveria sentir. Esses "deveria" e "não deveria" tinham sua origem na crença de que a fé era algo que eu tinha de sentir sempre, em qualquer circunstância, para que eu fosse uma boa budista. Mas o que me veio claramente naquele momento foi que esse "boa" não incluía o espectro completo de minha humanidade. O que eu deveria fazer com isso?

Eu me deparei com as cartas publicadas de Madre Teresa, e me lembro de ter me sentido estranhamente inspirada pela descrição de seus longos períodos de desolação e de distanciamento de Deus.

Fé: além da crença e da dúvida

Eu pensei: "Quem poderia ter mais fé e dedicação ao seu caminho espiritual do que Madre Teresa?". A publicação de seus diários íntimos revelou uma crise de fé, noites escuras da alma. Quando refleti sobre o fardo de Madre Teresa, eu me perguntei se não teria sido essa a sua oportunidade de ultrapassar as noções limitantes que ela tinha sobre Deus – esse Deus que ela tanto desejava encontrar – e ir em direção a uma fé plena e incondicional. Em vez de vê-la como um ícone unidimensional da virtude, ela subitamente ganhou vida diante de mim como alguém que tinha confrontado suas próprias noções dualistas de "deveria" e "não deveria": que aparência Deus deveria ter, como ela deveria experienciá-lo, como deveria ser a culminância de seus muitos anos de serviço corajoso.

Claro, esta sou eu conjecturando. E não tenho conhecimento pessoal da jornada interna de Madre Teresa, nem de como tudo isso terminou. Mas eu gosto de imaginar que sua dúvida verdadeiramente a empurrou para além das limitantes noções que ela tinha sobre o divino e a levou a um tipo de fé incondicional, que acolhia a expressão completa de sua condição humana. Inspirada pelo profundo dilema de Madre Teresa, eu comecei a refletir sobre a oportunidade que a dúvida ofereceu a mim também.

Dúvida, como qualquer outra palavra, pode ser mal interpretada de muitas diferentes formas. A dúvida pode ser um questionamento – uma maneira de explorar algo ao qual você talvez não dê muita importância. Por exemplo, no contexto deste livro, é possível dizer que estamos questionando o fato de que as coisas podem não existir do modo como aparecem, o que abre espaço para uma investigação completa sobre a natureza da aparência. Nós vimos que, ao duvidar da verdade de sua própria história, você protege a si mesmo da reatividade e confusão que emerge de achar que você está certo.

A dúvida muitas vezes se apresenta como um desconforto inicial; algo parece estranho, prejudicial ou ameaçador. A dúvida desafiará o que você considera inquestionável, tudo a que você tem mais apreço. Ela representa um risco: o edifício inteiro de uma crença se mostra em perigo de colapsar a qualquer momento, o que pode ser assustador – terrivelmente assustador. É por esse motivo que dúvida e crença compartilham a mesma cama: quando nossas crenças não se sustentam, aí está a dúvida; e, quando tememos a ausência de sentido, aí está a fé. Há algo de frágil nesse sistema todo.

É preciso muita fé para explorar uma dúvida. Mas pode ser que você identifique, como eu fiz, uma sacralidade e uma oportunidade que reside dentro de sua escuridão. A dúvida irá colocar coisas à mostra. Ela vai deixá-lo nu, tirando a roupa do seu autoengano. E, claro, é neste momento e desta maneira que o crescimento espiritual autêntico acontece – ou ao menos pode acontecer. Disso depende o que você faz em seguida.

Uma linha tênue separa a dúvida como crença da dúvida como uma pergunta aberta. A dúvida como crença já solidificou seu objeto. Como temos discutido, o processo acontece do seguinte modo: você detecta um desconforto, e sua história começa a congelar; você já decidiu se algo é ou não é, e o alvoroço emocional de estar certo começa a se revelar. De um momento para outro, a porta para agir com fé se fecha, e junto com ela se encerra qualquer senso de fascínio ou possibilidade.

Por outro lado, se você estiver disposto, pode fazer algo diferente. Você pode transformar a dúvida em oportunidade, ao se permitir ter acesso à sua própria curiosidade. A mente que está posicionada para o insight não tem medo de questionar, porque ela não se aferra à verdade ou julgamento, e nem reifica seu objeto. Em vez disso, ela possui as qualidades da agilidade, da atenção e do ceticismo. Talvez você associe ceticismo à dúvida ou cinismo, mas, surpreendentemente, o termo ceticismo tem sua origem na palavra grega *skeptikoi*, que significa "suspender o julgamento". Os proponentes do ceticismo filosófico clássico praticavam abertura de mente, suspendendo tanto crença quanto dúvida. Eles entenderam que, quando não há apego a verdades, não há nada a perder. Então vá em frente: questione tudo!

Eu gostaria de fazer uma circunferência bem ampla em torno da dúvida aqui, porque ela é algo que você deveria explorar. Para mim, a dúvida tem sido parte do meu caminho de forma intensa e desafiadora, e eu passei a ver que ela tem o potencial de tomar muitas diferentes direções. Mas eu gostaria de continuar a lhe pedir para prestar atenção à diferença entre a dúvida como suposição solidificada e a dúvida como um meio para instigar uma investigação. À medida que passa a distinguir mais claramente a diferença, você pode até mesmo apreciar observar sua mente se abrindo, depois se fechando, depois se abrindo de novo. É uma alegria ver ambos. Esse tipo de investigação fortalece sua habilidade em agir com fé.

Nos tempos em que vivemos, parece-me que o tema da dúvida precisa ser mais explorado. Tradicionalmente (e ainda em muitos contextos), não era uma coisa boa sequer discutir sobre crenças, que dirá duvidar delas. Hoje em dia, no entanto, parece que muitas pessoas se orgulham de duvidar e tentam inclusive cultivar esse hábito. Na cultura contemporânea, tendemos a associar cinismo à inteligência; você encontra muita arrogância intelectual associada à dúvida. Aqueles que fazem uso desse tipo de dúvida intelectual com frequência acham que estão acima da fé, e que ter fé significa ser simplório e cego.

Pode ser que sim, mas fique atento: a dúvida pode estar recheada de suposições. Muitas vezes, a dúvida provê essencialmente apenas um outro conjunto de crenças. Afirmar que algo não é verdadeiro é uma crença tanto quanto pensar que este algo é verdadeiro. Os que duvidam podem ser tão zelosos quanto os que acreditam.

Quando suas crenças estão ameaçadas, você provavelmente procura proteger-se, se esconder em uma fortaleza, vestir um colete à prova de balas e revidar. E, quando você está fisicamente ameaçado, tais táticas podem de fato ser estratégias sábias. Mas se fixar à dúvida é uma rejeição à vida. Não há nunca conforto verdadeiro nisso. Ironicamente, proteção incondicional apenas pode vir da fé.

Não quero subestimar a confusão e o desespero que frequentemente acompanham a dúvida. A dúvida pode isolar você de pessoas e comunidades. Pode deixá-lo sozinho no escuro, congelado ou completamente imobilizado. E, como a crença, a dúvida não precisa necessariamente de uma base lógica. Comumente, ela se alimenta de suposições não examinadas, turbulência emocional e insegurança. Se você investigar a dúvida, encontrará muitas coisas: que ela impede você de acessar a positividade ou o brilho de sua mente; que ela pode fazer você se sentir irritado ou fisicamente deprimido e desequilibrado; que pode fazer com que se sinta desconectado de seu caminho espiritual ou de seus entes queridos. A dúvida pode até fazer você sentir como se estivesse condenado ao sofrimento – mas isso é impossível.

Mesmo em meio a toda sua confusão, você ainda tem uma coisa a seu favor. Você está acorrentado ao caminho do despertar simplesmente porque deseja a felicidade e se libertar do sofrimento. Mesmo em tempos de extremo isolamento, quando você se sente engolido pela escuridão e incerteza, e apartado de qualquer senso de bem-estar, é impossível escapar de sua inclinação e desejo naturais pela liberdade incondicional. O professor budista contemporâneo Anam Thubten coloca deste modo: "Você está condenado à iluminação".

Nos momentos em que você é capaz de libertar a si mesmo do dualismo de crença e dúvida, talvez passe a valorizar o modo como a vida se apresenta para você e vê-la como algo sobre o qual se pode aprender. Quem tem de dizer como Deus ou o caminho espiritual de alguém deve ser? Será que os encontros escuros de Madre Teresa eram com a face de Deus e não com sua ausência? À medida que meu retiro se aprofundava, eu comecei a ver que a fixação a noções de como minha prática deveria ser não era de modo algum diferente do meu modus operandi convencional, ou seja, simplesmente tentar sobreviver no mundo conseguindo o que eu queria, vivendo cercada por experiências que eu não queria, e tentando manter um simulacro de segurança em meio aos dois. Há uma coragem que vem desse insight, porque percebemos que já não estamos à mercê de nossas preferências. A beleza e a bondade de agir com fé é que ela não demanda que você experiencie nada além do que já está experienciando. No final das contas, eu não tive de transcender minha humanidade para encontrar confiança genuína. Ao contrário, passei a ver que meu propósito, enquanto praticante espiritual, era ampliar minha habilidade de ser completamente humana.

Eternalismo: ir até o fim das coisas

A visão da origem dependente expõe todas as visões Eternalistas e Niilistas.

– Nagarjuna

Ao longo da história, as pessoas têm buscado o sentido da existência, feito afirmações sobre a origem do universo e tentado entrar em um acordo sobre a inevitabilidade de sua própria extinção. Quando criança, não muito depois de aprender a falar frases inteiras, você provavelmente começou a fazer a seus pais algumas perguntas importantes a respeito da existência e suas causas, como, por exemplo: "Onde começa o espaço sideral?", "Por que o céu é azul?" ou "Quem ou o que criou o universo?".

Como adulto, talvez você recorra a ciência, religião ou filosofia em busca de respostas para algumas dessas perguntas. Nossa busca por sentido e nosso desejo de entender tanto a existência quanto a morte transcendem as fronteiras impostas por tempo e cultura. Se você, por exemplo, pesquisasse os muitos sistemas filosóficos em prática na época do Buda, descobriria que eles se assemelham aos que encontramos no mundo hoje. A cultura humana tem uma queda por crenças ontológicas, tais como uma presença divina de um ou múltiplos Deuses, uma partícula indivisível ou uma substância energética primal que serve como o alicerce da matéria grosseira, de um Espírito, de Eu Universal ou de uma Consciência que permeia toda a experiência.

Se nós fôssemos considerar todas essas crenças integralmente, poderíamos dizer que elas representam a busca por uma fonte única, uma causa, verdade ou explicação última capaz de responder às muitas perguntas que temos sobre a consciência, a matéria e a condição humana. "Talvez nós encontremos esse milagre único, essa causa singular", nós pensamos, "e aí tudo irá fazer sentido."

Individual e coletivamente nós criamos algumas explicações espetaculares sobre por que o mundo é como é. Por exemplo, a ciência oferece uma explicação clara de por que o céu nos parece azul. O azulado do céu é determinado pelo modo como a atmosfera interage com a luz do sol, que é constituída de um espectro completo de cores. As ondas de luz refratem, se curvam e mudam de velocidade quando atravessam diferentes meios. Nós vemos a cor com base nos mecanismos de funcionamento do olho humano e de como coleta informação, e nós filtramos e organizamos todos esses dados sensoriais por meio de nosso sistema nervoso.

Mas não importa o quanto tente, você nunca chegará até o fim de por que o céu é azul, por que o olho humano tem esse desenho, por que o sol emite tantas cores ou por que as coisas são configuradas e funcionam exatamente do modo como funcionam. Você pode responder a essas perguntas a partir de uma única fonte ou sistema de criação, mas isso apenas levará a mais perguntas, tais como: "Bem, quem criou essa causa? Do que ela é feita?". Se você buscar por respostas de uma forma linear, você se verá aprisionado em um modo de eterno retorno. Você nunca chegará ao fim das coisas ou alcançará uma conclusão final.

Fé: além da crença e da dúvida

Além disso, suas perguntas em si mesmas – as noções de azul, por que e céu – têm origem em acordos de linguagem que apenas têm sentido no contexto das sensibilidades humanas. Essas palavras e ideias não são verdades em si mesmas, mas estruturas por meio das quais você pode avaliar e explorar coisas. Elas são parte de sua investigação e, quando combinadas com interesse profundo, são capazes de abrir seu mundo em fractais que revelam a grande natureza da contingência. Você irá emergir, como se saísse de um túnel muito estreito, para uma perspectiva livre dos limitantes conceitos de uma fonte linear e singular de todas as causas.

Talvez, tendo dedicado algum tempo a procurar e não encontrar, você tenha um sentimento de crescente confiança de que nada existe fora da natureza da interdependência. Mas, apenas pelo benefício do debate, vamos imaginar que você pudesse encontrar alguma coisa eterna que fosse a fonte ou a causa original de toda a existência e de tudo o que pensamos e sentimos. Que características essa coisa teria? Para começo de história, como sabemos, ela teria de existir de forma singular, imutável e completamente independente. Indo mais direto ao ponto, para que tal coisa pudesse manter seu status de eterna, não poderia ter um começo ou um fim discerníveis, porque ela não teria nenhuma conexão com causas e condições. Além disso, tal coisa teria necessariamente de existir como algo completo ou inteiro, o que significa que não seria composta por partes. O desdobramento disso é que tal coisa seria resistente à análise, e permaneceria imune ou não afetada pelo movimento e pela energia da causalidade mútua.

Mas como tal coisa iria depois criar o universo? Ela não teria protagonismo ou eficácia. Para criar um universo, essa coisa eterna teria de se retirar de sua condição de independência e se unir à natureza das relações infinitas. Então, veja você, essa coisa hipotética, que não poderia ser percebida ou conhecida em virtude de sua natureza independente, estaria completamente fora do reino da experiência. Como você poderia conhecê-la?

A lógica da fé

Você deve lembrar que anteriormente, neste livro, nós encaramos o desafio de Carl Sagan de fazer uma torta de maçã do zero, e não fomos capazes de encontrar uma fonte única para sua criação. Não conseguimos identificar onde a torta de maçã acabava e onde começava o mundo. Por meio do mesmo tipo de investigação, você se dará conta de que não apenas a torta de maçã não pode ser feita do zero – o universo também não.

Eu gostaria de explicar por que a investigação da fé é importante para mim, relacionando-a ao eternalismo. Admito que tenho um interesse pessoal aqui. Eu estou preocupada com a pureza e a autenticidade da sabedoria do Buda, que não está imune à nossa inclinação humana em direção à certeza e ao dogma. Eu gostaria de fazer minha pequena parte, protegendo a genialidade dessa tradição da traiçoeira tendência que todos nós temos de nos fecharmos em conclusões definitivas. Além disso, eu gostaria de honrar o espírito e a intenção original de todas as linhagens de sabedoria do mundo, que – antes de terem sido concretadas dentro de sistemas de crenças – emergiram de experiências humanas de fascínio e de graça.

Por esta razão, é importante explorar o eternalismo. Eternalismo – que também pode ser chamado de realismo ou essencialismo – não se refere a uma ideologia, tradição filosófica ou religião específicas, mas, ao contrário, origina-se no desejo humano de busca por verdade, segurança e respostas para as duras e misteriosas perguntas que temos a respeito da realidade. Nossa busca por conhecimento e paz interior reflete a nobreza e a beleza da curiosidade humana. O problema, conhecido por eternalismo quando nos referimos aos ensinamentos budistas, começa com a busca por algo real ou por uma essência. Isso cria problemas porque tal busca não está de acordo com a natureza do surgimento dependente. Nós não podemos encontrar verdades últimas no mundo das relações. Fixar-se a verdades ideológicas enfraquece nossa habilidade de agir com fé.

Na tradição de pratityasamutpada, os textos descrevem a gênese da nossa confusão como vinda de nossa inabilidade de suportar ou admitir a plenitude da natureza da contingência infinita. Essa compreensão equivocada provê uma plataforma para a "verdade". A verdade serve de terra firme para a crença. A crença apoia a certeza, e a partir daí gera um ciclo de fundamentalismo, medo e confusão.

Você pode pensar no fundamentalismo como extremismo religioso, mas ele não está necessariamente ligado à religião. O fundamentalismo surge da suposição de que as coisas existem intrinsecamente da maneira como aparecem para você, e isso impede qualquer possibilidade de aprendizado genuíno e comunicação clara. Como todos nós tão bem sabemos, a convicção extrema se expressa em escala global. Quanto mais o fundamentalismo cresce e se intensifica pelo mundo, mais importante se torna a fé. Nós podemos nos unir em torno daquilo que temos em comum enquanto espécie, que, basicamente, é o fato de que nós não sabemos: nós não somos capazes de encontrar uma fonte singular de criação ou uma verdade definitiva para defender. A fé oferece uma prática de humildade que serve como um refúgio crucial da confusão do fundamentalismo e da dúvida, e dos infinitos modos que eles influenciam as ações humanas, comumente causando danos.

Alguns amigos próximos, de um jeito debochado, proclamam que são "budistas fundamentalistas". Eles dizem isso a partir de sua lealdade apaixonada à sabedoria única dessa tradição de prática. Se ser um budista fundamentalista significa valorizar profundamente os fundamentos da sabedoria budista e apreciar a natureza de pratityasamutpada, então eu também diria que sou uma budista fundamentalista. Mas nós normalmente não usamos esse termo desse modo. Na verdade, não é possível existir um budista fundamentalista – considerando, claro, que você está praticando os ensinamentos budistas de maneira autêntica. Até mesmo fixar-se aos aspectos mais altruístas do caminho do Buda como se fossem corretos interfere na vitalidade e no espírito da investigação aberta. A investigação aberta não é exclusiva do budismo, apesar de o Buda tê-la ensinado explicitamente como sendo o espírito e a forma de aproximar-se do caminho. Não estamos tratando aqui de um assunto religioso, mas de algo profundamente humano.

Se você procurar nos antigos sutras da tradição budista, encontrará nos ensinamentos exemplos dos perigos de se enrijecer a sabedoria em crenças. Isso nos mostra que, mesmo no tempo do Buda, alguns praticantes dedicados compreenderam equivocadamente o sentido essencial de pratityasamutpada.

Meu professor conta com frequência a história de dois virtuosos monges que ouviram um discurso do Buda e foram introduzidos à vacuidade pela primeira vez. Antes disso, ambos virtuosamente observaram e estudaram as leis do carma, causa e efeito, interdependência e impermanência, e religiosamente honraram seus votos e preceitos. Mas, em vez de tomar essas práticas como meios para a liberação, eles se fixaram a elas como verdades definitivas. Quando o Buda falou da natureza vazia de todas as coisas, incluindo carma e interdependência, os monges interpretaram equivocadamente o significado de suas palavras e entenderam que a vacuidade era uma completa extinção de todas as coisas nas quais eles acreditavam. Consequentemente, conforme se conta na história, eles entraram em choque, tiveram ataques cardíacos e morreram.

Parábolas como essa emergiram à medida que o budismo se desenvolvia e florescia na Índia e os ensinamentos sobre vacuidade ficavam mais explícitos e proeminentes. Alguns desses ensinamentos, como esse sobre os dois monges, debochavam de uma compreensão menos refinada ou parcial dos ensinamentos do Buda sobre interdependência. Mas seu propósito é esclarecer a intenção original do Buda, que era seu ensinamento sobre o sentido genuíno e completo de pratityasamutpada: "uma matéria difícil de perceber, nomeada como condicionalidade, pratityasamutpada... contra o fluxo comum do pensamento, profunda, sutil, difícil, delicada"[2].

---

2   Digha Nikaya II.36, de Macy, *Mutual Causality*, 45.

A sabedoria da interdependência oferece proteção suprema contra o fundamentalismo. Como vimos, para os dois monges da história, esse mistério não era um tema meramente filosófico, mas um assunto profundamente emocional, uma vez que eles o viram como uma destruição de suas crenças. Apegar-se e fixar-se a ideias desse modo desafia nossa habilidade de genuinamente ter fé. O medo da aniquilação vem como uma contrapartida ao eternalismo, e nós falaremos disso na próxima seção.

O que é muito bonito a respeito de pratityasamutpada é que, ainda que você não consiga localizar algo eterno e singular – e, por conseguinte, nenhuma ideia, crença ou ideologia jamais poderia ser eternamente verdadeira –, tal insight não nega a existência do Deus para o qual você reza; nem despreza descobertas científicas, o azul do céu, ou a sacralidade ou poder de qualquer tradição. O mundo das relações é poderoso e efetivo, apesar de sua natureza ilusória. Para viver livremente na natureza da expressão interdependente, você não precisa desistir do mundo que experiencia. Você precisa desistir é de se fixar à verdade.

Niilismo: isso é tudo que existe?

Atribuir qualidades a não-coisas é como dissertar sobre a beleza da filha de uma mulher estéril.
— Chandrakirti

Vou perguntar-lhe uma coisa: você já experimentou nada? Eu penso sobre isso algumas vezes quando olho para o céu e tento imaginar os limites do universo. É difícil imaginar o outro lado de alguma coisa. O que exatamente é nada?

Para mim, *nada* evoca imagens de finais: um denso muro de cimento além do qual não há nada, algo que me impede de ir adiante, um apagão ou uma parada abrupta na experiência consciente. Em outros momentos, imagino nada como um abismo em expansão contínua. Quando eu sigo isso, minha mente consciente deixa tudo o que conhece para trás, espalhando-se em um espaço sem referência, apartada do calor das relações, perdida.

Cada vez que tento imaginar nada, eu encontro imagens, palavras e atmosferas emocionais que me indicam que nada de forma alguma é uma não-coisa. Honestamente, não me lembro de ter tido em algum momento uma experiência direta de uma não-coisa ou um não-lugar. E eu suspeito que jamais terei (nem você). Por definição, uma não-coisa não pode ter qualidades, então como você poderia conhecer uma? Ainda assim, a ironia de tudo isso é que a maior parte de nós teme a extinção ou o nada mais do que qualquer outra coisa.

Eu recordo exatamente o momento em que eu, quando garota, me deparei pela primeira vez com a ideia do nada: a ideia de que pessoas e coisas desapareciam e nunca retornavam. Uma amiga da vizinhança me ensinou sobre a morte – uma palavra, ela disse, que sua mãe a advertiu a não falar alto na frente de seu irmão menor. Eu estava sentada na varanda da frente da minha casa e lembro-me do horrível pressentimento de condenação que tomou conta de mim quando pensei no fim de todas as coisas. Antes desse incidente, eu conhecia o conceito de "quero, mas não posso ter" muito bem, mas eu nunca antes havia sido introduzida ao conceito de é e não é. Nunca tinha passado por minha cabeça pensar em ideias tão pesadas. Como criança, você tem um desejo natural de explicar e fazer o mundo ter sentido – encontrar explicações para todas as coisas que perturbam e divertem você. Ao longo da vida, influenciado por linguagem e atitudes preexistentes que naturalmente absorve de seu ambiente, você atribui sentidos a esses maravilhosos e misteriosos encontros.

Nós podemos ver que, mesmo enquanto crianças, manifestamos vívidas tendências eternalistas e niilistas. O Buda se referiu a essas tendências como os *dois extremos*. De um ponto de vista estritamente filosófico, todas as religiões formais ou tradições de crença derrapam para um dos dois lados. No entanto, talvez seja importante ressaltar que ninguém jamais consegue ser um eternalista puro ou um niilista puro, porque um extremo sempre irá explicitar a sombra do outro: *é* sempre vem junto com *não é*. Nós já analisamos a primeira metade da equação, eternalismo, e não fomos capazes de encontrar uma coisa singular, permanente e independente. Quando você pensa um pouco mais sobre isso, se pergunta: "Se eu não sou capaz de encontrar uma coisa intrínseca, como uma não-coisa pode ser possível?". Hummm... algo a mais a ser investigado.

O niilismo surgiu no vocabulário filosófico como um modo de se referir a fraquezas específicas que se faziam presentes em certos sistemas de raciocínio. Ninguém queria de verdade se tornar um niilista. De fato, podemos dizer que tanto o eternalismo quanto o niilismo mais descrevem tendências nas quais caímos do que expressam uma doutrina filosófica formal. No entanto, eles são diferentes em seus métodos, foco e conclusões.

Se podemos resumir o eternalismo como fixar-se a coisas e ideias como verdades, o niilismo aparece quando essas crenças desabam e nada mais faz sentido. Enquanto o eternalismo é um termo que descreve convicção a respeito da existência, o niilismo nos assombra com a garantia da extinção e da separação de tudo o que mais amamos. O niilismo nos move da verdade de uma coisa para um vácuo, da convicção para a dúvida, do sentido para a insignificância.

Você pode reconhecer o niilismo em uma visão de mundo que prega contra o valor da conduta ética ou que não vê a necessidade de relacionar causa e efeito, até o ponto em que as sensibilidades convencionais se tornam um pouco frouxas. Por exemplo, nós encontramos fortes traços de niilismo quando estamos diante da negação a qualquer coisa além do reino material dos nossos sentidos, o que leva a uma rejeição da metafísica como um instrumento viável de compreensão da natureza do ser. Esse sentimento representa a visão padrão do materialismo científico, que reduz o misterioso mundo da experiência da consciência a mera matéria. Essa visão mecanicista da realidade implica que nós não temos liberdade de escolha e estamos subordinados aos nossos impulsos biológicos.

Para resumir, o eternalismo esforça-se por encontrar verdades substanciais ou identificar causas singulares para explicar por que as coisas são como são, enquanto o niilismo desafia verdades objetivas por meio da análise ou do reducionismo, o que comumente leva a uma rejeição do poder relativo do significado e da experiência. Eternalismo concretiza e niilismo destrói; eternalismo afirma existência, enquanto niilismo afirma extinção; eternalismo tende à crença, enquanto niilismo olha para o mundo fenomênico a partir da dúvida e da negação.

Como uma atitude ou um estado de ânimo, o niilismo faz com que toda nossa razão de ser pareça suspeita. Quase sempre conduz a uma visão de mundo melancólica que prenuncia um destino terrível, como se você, enquanto indivíduo, estivesse completamente sozinho atravessando uma existência sombria e pouco amigável. Imagine uma vida desprovida de sentido ou propósito: "Por que, cara? Esse é um jogo perdido; de qualquer modo, todos nós teremos de morrer no fim". Isso é niilismo. Claro, todos nós vivemos momentos nos quais nos sentimos inúteis ou passamos por algum período de desânimo, tédio ou apatia. Mas a maior parte das pessoas não quer ser niilista por vontade própria – afinal, não é um modo muito animador de viver a vida.

Geralmente, o niilismo não parece muito divertido. Mas, em alguns casos, você pode localizar em você mesmo uma tendência a usar a lógica do "nada importa" para justificar e desfrutar de todo tipo de atividades questionáveis. Uma atitude niilista lhe será útil se tudo o que você deseja é fazer festa. Irá lhe oferecer o empurrão de que você precisa para fazer coisas que vão contra a sua consciência.

Fé: além da crença e da dúvida

"Se nada importa, por que não simplesmente fazer o que quiser: vamos só beber e dançar. Quem se importa?"

Em 1969, Peggy Lee ganhou um Grammy por seu hino niilista: "Is That All There Is?"(Isso é tudo que existe?). Ela cantou: "Se isso é tudo que existe, então vamos continuar dançando. Vamos encher a cara e cair na farra, se isso é tudo que existe". Cristina Monet-Palaci fez uma versão mais pesada e distorcida em 1980, que, por conta de seu tom meio perturbador, tornou-se um tributo punk à falta de sentido e à angústia existencial. É claro, tudo isso era um deboche, mas a mensagem que a música passa com sua atmosfera melancólica evoca em nós a tendência aflitiva que todos temos para a falta de propósito.

Curiosamente, visões que no fim deslizam para o niilismo comumente começam quando alguém ousa questionar a realidade de alguma coisa por meio da análise. Você pode começar questionando uma crença, como, por exemplo, a crença de que as coisas têm uma verdade intrínseca. Depois de procurar e não encontrar, sua análise pode cambalear e depois deslanchar para o niilismo, em vez de revelar um insight mais profundo. Você pode concluir, a partir dessa análise, que a vida é desprovida de sentido porque as coisas não são encontráveis. Foi isso que aconteceu na história dos dois monges contada na última seção. No contexto da meditação analítica budista, um praticante sucumbe ao niilismo quando confunde vacuidade com um estado no qual o poder de causa e efeito não mais funciona. É como se, por meio do processo de análise, o mundo de aparências e possibilidades fosse reduzido a pó. Quando o resultado da análise termina com a aniquilação da expressão relativa, o praticante sucumbiu oficialmente ao niilismo.

Na verdade, é meio engraçado que se pense que apenas explorar a natureza das coisas teria o poder de fazer algo perder o sentido ou se tornar não existente. A análise não tem o poder de destruir fenômenos, de retirar ou atribuir às coisas sentido inerente. Os valores que agregamos aos objetos obtêm seu significado na dependência de seus contextos. É uma relação, e a relação por si mesma é que define o significado, as características e a função da experiência. É nisso que nos apoiamos para caminhar no mundo com graça. Então, a análise (ou a prática de afrouxar, como nós a temos chamado) nada mais é do que o processo lúdico de aprender e maravilhar-se com a dinâmica gama da expressão interdependente. Tal abordagem de análise não está fadada ao niilismo.

O que mais me preocupa em relação ao niilismo é que ele não deixa espaço para o fascínio e a humildade. Hoje em dia, muitas pessoas depositam sua fé no materialismo científico e têm se mostrado desiludidas em relação às promessas de instituições religiosas. Há razões para este tipo de cinismo. Muitas coisas que as pessoas fazem em nome da fé – e elas fazem todo tipo de coisas – provocam rejeição por parte de outras pessoas. Mas esteja atento, porque, em um de seus disfarces mais sorrateiros e nocivos, o niilismo se expressa como a suposição de que você pode confiar apenas no que você mesmo percebe. Só é preciso parar um pouco e olhar em volta para saber que há mais vida por aí do que aquilo que você experimenta em um momento específico.

Ainda assim, há momentos em que o niilista que mora em todos nós pode ceder a visões apocalípticas sobre o futuro; pode se contrair diante do medo da extinção e da perda; pode sentir-se profundamente sozinho e alienado em seu fracasso em reconhecer a riqueza e a magia do infinito mundo da interdependência; e pode simplesmente sentir que não tem mais jeito. O niilismo pode desencaminhá-lo de maneiras perigosas. Pode fazer com que você sinta que a vida é apenas algo que acontece com você. Essa tendência irá impedir você de unir suas ações com suas intenções mais profundas. Desse modo, impossibilitará seu engajamento em seu próprio bem-estar e no dos demais. Mas o problema mais sombrio, e também mais dominante, do niilismo é que ele impossibilita fascínio, apreciação e a prática da fé.

Em essência, o niilismo surge da inabilidade de reconciliar a natureza insondável das coisas com a eficácia de causa e efeito. Sim, você pode negar a importância de causa e efeito tanto quanto queira, mas isso não corresponderá à sua experiência de quanto as coisas importam para você. Considerando isso, o modo pelo qual todos nós navegamos pelo mundo das relações tem um significado profundo para nós. E quando digo "nós", eu tenho uma forte suspeita de que a maior parte dos niilistas está incluída também.

A visão sem visão

Eu me prostro para aquele que abandonou todas as visões.
– Nagarjuna

O renomado professor budista contemporâneo Chögyam Trungpa Rinpoche explicitou a ironia inerente em nossa tendência ao dualismo quando disse: "A má notícia é que você está caindo, atravessando o ar, nada em que segurar, nenhum paraquedas. A boa notícia é que não há chão". Você pode interpretar equivocadamente isso como se significasse que, quando você confronta a verdade da vacuidade, sempre irá sentir como se estivesse caindo através do espaço – então, é melhor se acostumar. Mas eu não acho que foi isso que Trungpa quis dizer aqui. Eu o ouço, no espírito do Buda e de Nagarjuna, brincando com nossas tendências aos extremos de eternalismo (se agarrar à existência) e niilismo (medo da extinção), ambos expressando nossa inabilidade de descansar na natureza infinita da expressão contingente.

Vimos por nós mesmos que as coisas não são passíveis de serem encontradas por meio da investigação, mas que isso não nega o poder e o esplendor daquilo que aparentemente surge. O fato de as coisas serem vazias de características intrínsecas ou de significado não deixa você totalmente sozinho para dar o seu jeito em uma realidade sombria e hostil. Olhe ao seu redor: você é parte de algo muito, muito maior. Quando você acorda de manhã, em todo e cada dia, e coloca seu pé no chão, ele está ali para aguentar o peso do seu corpo como sempre esteve. As forças da gravidade nunca falharam em assegurar sua conexão com a terra, o que lhe impede de sair voando pelo espaço afora. Como você pode não se maravilhar com isso?

O tema que está em discussão neste livro, pratityasamutpada, é muito "aterrado", por assim dizer, uma vez que você pode observar o modo como essa sabedoria funciona a partir do momento em que acorda e se levanta da cama todas as manhãs. Na verdade, a interdependência funciona até mesmo em seus sonhos, refletindo imagens de seu dia, suas esperanças e medos, e o mundo com o qual está habituado. A natureza de pratityasamutpada tem tanto poder que, mesmo que você quisesse se livrar do chão onde pisa – mesmo que arrancasse o piso e a fundação de sua casa e tentasse cavar a terra abaixo dela –, você sempre iria encontrar um lugar onde colocar os pés.

O propósito das investigações que nós temos feito é apenas um: liberar você das limitações do dualismo, como crença e dúvida, eternalismo e niilismo, chão e ausência de chão. Mas também vale a pena perceber que nossa luta dualista por segurança – apesar de baseada em ignorância – revela uma intenção nobre: todos nós estamos simplesmente procurando um lugar de conforto, um refúgio. O problema é que não há nada que faça você mais vulnerável a dor, perda, confusão e decepção do que se agarrar ao chão em um mundo no qual todas as coisas se apoiam umas nas outras.

Tentar imaginar uma vida além de chão e ausência de chão pode ser uma tarefa filosoficamente complicada para a mente dualista, e é precisamente por isso que nós insistimos na experiência direta como método de exploração neste livro. Sempre que se sentir perdido ou sem chão, relembre um momento de graça – um momento em que se sentiu completamente livre e tranquilo. Você pode comparar esta tranquilidade natural com voltar para casa depois de uma longa e tortuosa viagem. Talvez, em alguns momentos, a graça tenha se tornado tão familiar a você que você até se pergunte se realmente já a deixou de sentir. Tais experiências podem surgir para você sem aviso, mas elas também podem ser algo a que você gostaria de prestar mais atenção e buscar. Você pode se perguntar: "Como eu continuo a retornar para a graça? Como eu encontro esse lugar de descanso natural? E mais, é possível nunca se separar dele?".

O Buda vivia em graça. Isso significa que ele experimentava a liberdade das inseguranças que acompanham as visões extremas. Nós normalmente pensamos em visões como crenças conceituais. Mas o termo *visões*, aqui, também inclui tendências emocionais profundamente enraizadas que temos em direção a nos fixarmos a existência e não-existência, ou a chão e ausência de chão. No *Sutra do Coração*, os budas são descritos por Avalokiteshvara como tendo "ido, ido, ido além, ido completamente além". Você pode se perguntar: "Além de quê?" – de todas as visões eternalistas e niilistas.

Ir "além de visões", aqui, se refere ao insight do Caminho do Meio. O Caminho do Meio não se refere a agir com moderação ou fazer concessões; não representa uma miscelânea de eternalismo e niilismo; nem um equilíbrio entre espiritualidade e vida mundana. Tampouco é um estado mental ou um reino espiritual para o qual alguém se retira. O Caminho do Meio se refere à experiência do Buda quando tudo o que é externo à natureza – todas as visões extremas – desaba e é possível ver a verdade nua, não mais impedida por nossas próprias compreensões equivocadas. Como o grande erudito Shantideva disse: quando ambas, "coisa" e "não-coisa", de fato se ausentam diante da mente, não resta nada para a mente fazer além de descansar em paz perfeita, livre de conceitos.[3]

A afirmação de Shantideva esclarece um ponto crucial: o Caminho do Meio não é mais uma visão na qual se fixar. É um modo de ser que expressa humildade e abertura, no qual não há nenhum traço de afirmação ou negação. Foi desse lugar de confiança inabalável que

---

3 Shantideva, *The Way of the Bodhisattva*, tradução pessoal de Elizabeth Mattis Namgyel do capítulo 9, verso 34.

o Buda, no que é conhecido na tradição budista como o rugido do leão, a partir da descoberta da verdade nua como uma experiência viva, fez uma anunciação de total destemor. Ele disse para seu discípulo próximo Katyayana: "Que as coisas existem é um extremo. Que as coisas não existem é outro. Mas eu, o Tatágata, não aceito nem 'é' nem 'não é', e declaro a verdade a partir da Posição do Meio".[4]

O rugido de leão do Buda enfatiza a tranquilidade, a compostura e a confiança que acompanham o descanso no modo de ser do Caminho do Meio. Você talvez seja capaz de entender esse tipo de confiança simplesmente ao relembrar momentos de graça que tenha experimentado. Ser capaz de tolerar a magnificência da natureza da vacuidade sem se fixar à existência e não-existência é o que nós temos chamado de agir com fé. Nesse ponto, você pode até ter começado a traçar a correlação entre agir com fé e *agir com Caminho do Meio*[5].

Sim, nós poderíamos adicionar *agir com* antes de Caminho do Meio se quiséssemos. Tanto agir com fé como agir com Caminho do Meio se referem a um caminho e um modo de permanecer ou estar com a vida. Ambos demandam abertura, humildade e uma rejeição feroz a colapsar na estreiteza do pensamento dualista ordinário. Eles são para aqueles que entendem que a vida não é um mistério a ser resolvido, para aqueles que, ao contrário, têm uma aliança com o fascínio e a sabedoria que minuciosamente aprecia a expressão mágica do surgimento dependente. Unir fé e Caminho do Meio tem sido meu desafio e minha visão ao escrever este livro.

A fé é uma experiência pessoal e direta que pode ser definida apenas por você mesmo. Mas é também uma experiência compartilhada – uma conversa – que, ao longo da história, nós humanos temos tido uns com os outros por participarmos da vida unidos pela linguagem. À luz disso, eu pensei que seria incrivelmente valoroso trazer a sabedoria de pratityasamutpada para dentro de uma conversa mais ampla a respeito da fé.

4 Majjhima Nikaya I.65.
5 N.T.: A expressão que a autora utiliza é o neologismo *Middle Way-ing*.

Fé: além da crença e da dúvida

Eu não conheço nenhum outro caminho de fé que use a metodologia única e prática de pratityasamutpada. Ao mesmo tempo, ao dizer isso, não estou sugerindo que o verdadeiro espírito dessa tradição difere, em essência, da profunda e original sabedoria de todas as grandes tradições de fé. Como eu disse antes, acredito que a origem de todas as grandes linhagens esteve conectada a experiências de vacuidade muito tempo antes de que seus futuros seguidores deixassem de ser capazes de tolerar o brilho da verdade nua e se fechassem em convicção e dúvida. Nossa habilidade de ter fé, de apreciar a natureza da interdependência, de ver as coisas com fascínio e humildade não é propriedade de nenhuma tradição. Ela pertence a todos nós, porque ela não é nada mais do que a descoberta de quem nós verdadeiramente somos.

CAPÍTULO 4

Cidadania

Perfeito

> Mesmo que vivamos em um mundo tão imperfeito, nós temos noção da absoluta perfeição e completude.
> – Karen Armstrong, The Case for God

Você já percebeu que você se move para frente e para trás em meio ao que parecem ser universos paralelos? Você já teve a experiência de, em um momento, não ter absolutamente nenhuma esperança na humanidade e, no outro, ver alguém fazendo algo completamente altruísta, brilhante e audacioso, e subitamente se sentir tomado pela beleza de tudo isso, e tudo lhe parecer perfeito?

Você deve guardar essas experiências para você mesmo, porque, em certos contextos, expressar a opinião de que "tudo é perfeito" poderia fazer os outros se perguntarem em que planeta você vive. Afinal, sob certa perspectiva, em que momento o mundo foi perfeito? Nós estamos todos sujeitos a envelhecimento, velhice e morte. Guerra, destruição, abuso, trauma e desastres naturais parecem parte integral da experiência humana. Mesmo quando senta para meditar quietamente, você pode, às vezes, sentir-se bombardeado pela profusão e variedade de seus próprios pensamentos e emoções – como se estivesse sendo atacado por sua própria mente. Uma mente intranquila não tem nada de perfeita. Isso não quer dizer que você não possa encontrar bem-estar e beleza em abundância no mundo, mas meu ponto aqui é que algumas vezes dizer que as coisas são perfeitas pode soar como se você estivesse vivendo um estado de profunda negação.

Aqui, eu gostaria de defender "perfeito" como uma maneira de falar sobre a experiência da graça. O termo *perfeito*, neste contexto, não se refere a ver as coisas como sublimes em oposição a vê-las como ordinárias, ou desejáveis em oposição a indesejáveis. Não é uma rejeição ao sofrimento ou uma tentativa de viver em meio aos desafios pelos quais todos nós passamos. E não é uma filosofia para que se possa por meio dela ver o mundo. O perfeito não acontece no mundo dualista de nossas preferências. Ao contrário, o perfeito revela-se para nós apenas quando saímos completamente do sistema dualista. O que eu estou tentando dizer aqui é que a perfeição pertence à mente fascinada com seu universo insondável.

Você talvez aprecie momentos de fascínio, mas pense que experiências assim não têm propósito prático dentro da realidade áspera de sua vida diária, em que você é comumente forçado a se confrontar com decisões sérias e focar a maior parte de sua atenção no trabalho que tem de fazer para poder sustentar suas necessidades básicas. Essa suposição é algo que eu gostaria que você reconsiderasse, porque, na realidade, o fascínio tem uma função específica em nossas vidas. Na vida, fascinar-se está fundamentalmente ligado ao nosso senso de bem-estar. Como temos discutido longamente, emoções perturbadoras surgem apenas quando nós já decidimos o que alguma coisa é – quando falhamos em olhar para pessoas ou situações como parte do jogo da causalidade mútua. Mais especificamente, o fascínio serve como proteção contra o fundamentalismo, o desespero e a convicção de estarmos certos.

Quando nós privamos a mente da abertura e da curiosidade, mesmo nossas mais nobres tentativas de gerar mudança se tornam militaristas e rígidas. Podemos chegar a uma situação, como salvadores em um helicóptero, carregando uma forte convicção de que nós sabemos o que está acontecendo e como consertar. Mas, quando todas as nossas ideias e ações se congregam ao redor da verdade de nossa hipótese, não irá sequer nos ocorrer que outros possam ter algo a oferecer ou que há algo que nós mesmos podemos aprender. É assim que mesmo boas intenções expressam a si mesmas como formas rígidas de certeza política, e que um voto, que tem a intenção de abrir uma investigação, se torna limitado àquilo que se deveria ou não fazer. A reificação abre espaço para a reatividade e nos priva de um senso de fascínio, e nós perdemos nossa habilidade de responder com clareza, eficácia e ternura.

Outra manifestação de convicção de estarmos certos se torna aparente quando nós falhamos em nossa tentativa de gerar mudança – ao menos na maneira que nós gostaríamos de ver – e nos percebemos colapsando diante do peso de nossas próprias esperanças e medos. Ao compreender que o mundo não é algo que podemos consertar, nós desistimos. Não há fascínio nessa postura tampouco. Por quê? Porque mais uma vez nós decidimos que sabemos como as coisas são, e agora concluímos que elas não têm jeito. Em um ensinamento do qual participei, Joanna Macy ofereceu alguns conselhos a uma jovem mulher que lhe perguntou sinceramente, com lágrimas escorrendo pelo rosto, como lidar com o desespero que ela sentia em relação à degradação ambiental. Macy ofereceu uma resposta inesperada; ela disse: "Você não gostaria de estar desprovida da capacidade de sentir o que lhe desagrada, gostaria?".

O que eu entendi da fala de Macy foi que apenas por meio de nossa habilidade de deixar a vida nos tocar é que podemos despertar para a abundância de nosso potencial humano e para nossa habilidade de responder ao mundo com empatia precisa. Afinal, a vida demanda um pouco de coração partido, não é? Um coração terno tem capacidade de doação ilimitada – ele pode acomodar todo o espectro da experiência senciente. Se, como uma prática, nós permitimos que nosso coração continuamente se parta, criaremos espaço para o infinito sofrimento e a infinita beleza do nosso mundo, sem excluir nada nem ninguém. Então, por que não deixar que se parta?

O que acontece quando expomos nosso desespero a um pouco de curiosidade e fascínio? Em sua versão não congelada (ou, deveria dizer, *nossa* percepção não congelada), o desespero começa a parecer bastante com compaixão. E, quando nós começamos a nos liberar da estagnação que vem de pensarmos que estamos certos, um fluxo sem esforço de inesperada criatividade, insight e resposta natural[1] se abre. O que pode ser mais prático do que isso?

Eu quero garantir que você entenda que a experiência não--dual de perfeito que nós temos olhado aqui não surge ao darmos as costas ao sofrimento e buscarmos a alegria, nem de tentar forçadamente igualar experiências agradáveis e desagradáveis em um estado neutro. Não-dual refere-se a um compromisso em valorizar e utilizar toda experiência como meio de despertar. Isso parece uma tarefa difícil, não parece? Mas, de certo modo, estamos nos referindo a uma simples mudança de foco – um modo de emoldurar a vida – no qual, em vez de culpar o mundo ou sentir que a vida é algo que acontece *com* você, você decide ver o que quer que encontre como uma oportunidade e um privilégio. Você decide merecer isso com um senso de orgulho.

Usar toda experiência como uma oportunidade para crescer não significa que você deveria ver todas as circunstâncias não desejadas como se fossem falhas suas – de maneira alguma. De fato, você deveria olhar para a possibilidade de apropriar-se de seus desafios como um tipo de empoderamento. Tenho notado em mim mesma um discreto sentimento de irreverência e uma energia desafiadora quando eu digo: "Arrá, esse desafio é meu agora". Em outras palavras, quando você decide apropriar-se dele, você não mais está concedendo poder indevido a circunstâncias externas. Se você parar para pensar, isso estaria agregando verdade a um objeto que nunca a possuiu em primeiro lugar – em outras palavras, essa coisa nunca foi uma realidade singular, permanente e independente.

---
1 N.T.: A expressão usada pela autora e traduzida aqui como "resposta natural" é o termo "responsiveness". Escolhemos não traduzi-lo como "responsividade" devido ao fato desta palavra ser comumente associada a impulsividade ou resposta automática, sentido oposto ao que a autora quer expressar aqui com o termo.

O compromisso em dar valor a tudo nos oferece uma porta de saída da vitimização e é o suporte supremo para o crescimento e a cura. Não é apenas uma atitude, mas requer o insight capaz de ver através da delusão. Afinal, como você pode aceitar uma experiência desafiadora sem entender que – por sua própria natureza – ela não existe da forma como se manifesta? De novo, voltamos para o insight essencial que estamos explorando neste livro: por tudo se apoiar, as coisas não possuem características intrínsecas por si próprias, portanto não podem ser conhecidas de um modo determinado.

Nós, com frequência, nos consideramos pessoas abertas, mas, no momento em que nos fechamos em um objeto e decidimos o que ele é, sucumbimos ao fundamentalismo e à convicção de estar certos. Fundamentalismo é simplesmente a inabilidade de tolerar a natureza insondável das coisas. Por que não afetuosamente chamá-lo de "a mente em seu pior momento"? Não há necessidade de ser duro consigo mesmo sobre sua tendência em reificar coisas; é um desafio que vem junto com o fato de ser humano. Tenha um pouco de curiosidade sobre essa tendência e aprenda como ela opera, porque o modo como nos fechamos em um objeto – ou não – está diretamente conectado ao mover-se para dentro ou para fora da graça.

Somos capazes de grande desespero, confusão e horror. Mas também somos capazes de nos mover pela vida com graça. Nós estamos tentando encontrar nosso lugar dentro da grande natureza da expressão interdependente, que poderíamos chamar de "a mente em seu melhor momento". Em um certo sentido, poderíamos dizer que estamos aprendendo a respeitar a nós mesmos, aos outros e ao mundo no qual nos movemos. E o maior respeito que podemos ser capazes de ter por alguém (ou algo) é não supor que sabemos quem ele ou ela é.

Queimando de amor em um mundo que não podemos consertar

> *Nosso empenho não é religioso, mas sim um teste sobre o que nós humanos podemos nos tornar, o grande desvelar de nosso potencial.*
> –Dzigar Kongtrul Rinpoche

Porque tudo se apoia, você pertence a algo muito, muito maior do que o que você habitualmente se refere como "o mundo" ou "minha vida"; você pertence a algo muito maior do que sua comunidade, partido político, nação ou mesmo este magnífico planeta Terra. Você é um nobre cidadão do território sem fronteiras das relações contingentes, pratityasamutpada.

Eu suspeito que você naturalmente sinta uma conexão com algo maior do que as responsabilidades ordinárias e preocupações de sua vida diária, mas pode ser que, por vezes, você se esqueça disso. Quando você desperta para essa conexão, no entanto, uma intensa ternura pode surgir em você, junto com um profundo desejo de se aproximar dos outros: algumas vezes com um sentimento de urgência, outras vezes com um espírito brincalhão, sempre com uma postura de profundo cuidado. Esse tipo de resposta natural não é uma questão de princípio; é uma questão do coração. Você pode chamá-la de amor, mas a ideia de amor já está um pouco estruturada, enquanto a expressão *resposta natural* descreve o passo antes de o amor se tornar uma ideia, o que é muito natural, incondicional e cru.

Ainda que você possa, por vezes, proteger-se da vida, não é possível se retirar da natureza da expressão interdependente. Você poderia se esconder em uma caverna e bloquear a entrada com uma rocha gigante, mas ainda assim precisaria do chão para aguentar o peso do seu corpo; ainda assim respiraria o ar daquele pequeno espaço e sentiria sua temperatura na pele; e, claro, a vitalidade natural de seus pensamentos e emoções continuariam a se expressar no campo de sua consciência, baseados em memórias e impressões que você tenha absorvido por meio dos sentidos. Você nunca será capaz de dizer onde você, como indivíduo, termina e onde o mundo começa, uma vez que você não é o mesmo que o mundo ao seu redor, nem está separado dele. Você é realmente um cidadão deste lugar infinito e, quanto mais for capaz de se mover para fora da contração, mais você sentirá a comoção e o valor da relação contingente. Afinal, a graça não acontece em um vácuo.

No texto budista indiano clássico *O caminho do bodisatva*, Shantideva usa uma analogia única para falar sobre como nossas relações com os outros motivam respostas naturais. Ele diz que, da mesma forma que seus membros se estendem para fora a partir do tronco de seu próprio corpo, você poderia incluir todas as criaturas conscientes como extensões de seu eu continuamente expansivo. Em outras palavras, você poderia fazer do mundo o seu corpo[2]. Algo está fermentando aqui: eu acredito que Shantideva está nos apresentando a um plano de ação. E está em tempo, porque olhar honestamente para o nosso lugar na natureza de pratityasamutpada, como temos feito até então, tem nos proporcionado uma base de trabalho realista e inteligente para criar graça. Mas apenas isso não será suficiente. Nós precisaremos de alguma infraestrutura para dar suporte ao despertar. Vamos chamar isso de caminho.

Há muitos caminhos espirituais genuínos. E todos eles nos mostram como utilizar o mundo fenomênico para criar graça. A tradição do budismo Mahayana, que é a tradição associada aos ensinamentos de pratityasamutpada, nos apresenta um plano para despertar, e ele é expresso de um modo muito provocativo e curioso: "Seres são ilimitados, eu faço o voto de liberar todos eles". Apenas para o caso de esse compromisso soar um pouco desmedido, eu gostaria de dizer que sua proposta não é encurralá-lo, mas sim ajudar você a se

....
2 Shantideva, *The Way of the Bodhisattva*, capítulo 8, verso 114.

manter nas fronteiras de sua intenção de encontrar graça em meio às relações. Você pode até mesmo olhar para esse voto como uma proposta ou um convite que, se tomado com o coração, irá proporcionar um direcionamento relevante para a sua vida.

À primeira vista, você pode achar essa proposta um pouco mística. Pode estranhar sua premissa como um todo. Acontece com muitas pessoas. Pode até soar um pouco arrogante. Você pode argumentar: "Todos os grandes sábios ao longo da história foram incapazes de tomar para si o sofrimento dos outros, então quem sou eu para fazer isso?". Você talvez se pergunte também o que significa liberar alguém, considerando que liberdade é algo que todos devem encontrar dentro de si mesmos. Além do mais, esse voto não necessariamente faz sentido do ponto de vista da lógica comum. "Afinal", você pode se perguntar, "se os seres são ilimitados, o sofrimento também é ilimitado, então como alguém poderia liberar todos eles?" De fato, essa é uma tarefa impossível.

Ainda assim, quando testemunha o sofrimento no mundo ao seu redor, como você consegue resistir ao chamado de fazer alguma coisa? E, quando começa a se mover, você naturalmente descobre que o voto de liberar todos os seres está pedindo que você faça algo inesperado, nobre e dentro de seu alcance. Ele convida-o a se mover para fora das barreiras da lógica ordinária e entrar em um modo diferente de ver as coisas. Tente colocar as coisas assim: "Sim, os seres são ilimitados, e seu sofrimento também é ilimitado, então eu terei de expandir a esfera do meu cuidado ilimitadamente a fim de incluir todos eles". A configuração mental dessa aspiração transforma o voto de servir a todos os seres em uma prática viva. Se você tem a coragem de viver no coração de tal desafio, a prática de *bodhichitta* pode lhe interessar.

Bodhichitta é uma palavra sânscrita: *bodhi* significa "desperto/a" e *chitta* se refere tanto a "mente" quanto a "coração". Em outras palavras, o termo sânscrito *chitta* não separa a resposta natural que vem do coração da clareza que vem do discernimento do insight. Quando alguém vê a natureza da interdependência de forma clara, naturalmente responde ao mundo com ternura e cuidado, sabendo que, porque tudo se apoia, tudo que nós fazemos importa. Ainda assim, bodhichitta não é uma cruzada em direção ao bem. Naturalmente, é motivada por amor e cuidado, mas, como nós discutimos e compreendemos, as coisas não são encontráveis. Então, o que se segue é que, embora nossas ações possam influenciar e interromper o fluxo das coisas – e de fato o fazem –, este nosso mundo não é uma coisa singular, permanente ou independente que podemos solucionar, garantir ou trazer para um estado estático de equilíbrio pacífico. De um lado, nos sentimos atraídos a ajudar; de outro, devemos sustentar o testemunho da insondável e inconsertável natureza das coisas.

Aqueles que habitam no coração desse glorioso enigma são chamados bodisatvas. Você poderia descrever um bodisatva como alguém que queima de amor sabendo que o mundo em si mesmo não é algo que possa ser consertado. O bodisatva não se desestabiliza ou se amedronta diante do insight da natureza não consertável das coisas, de modo algum. Esse mesmo insight é a fonte da resposta natural que vem do coração. Conduzido por essa compreensão, uma pergunta continuamente persegue o bodisatva: "Como eu posso servir?". Esse é um belo modo de viver.

O serviço pode tomar a forma de grandes gestos, se tal oportunidade surge. Mas gestos pequenos podem ser igualmente poderosos: colocar uma mão amorosa no ombro de uma pessoa como uma lembrança de que ela não está sozinha; resgatar um pequeno inseto de uma poça d'água; ou carinhosamente convidar alguém para pular na sua raia quando a piscina está cheia na hora da natação. Tais ações nunca são uma receita pronta, o que dá ao bodisatva liberdade para responder com empatia precisa. A alegria que surge de ajudar os outros desse modo sustenta o caminho do bodisatva, de modo que questionamentos sobre como trazer a prática espiritual para a vida cotidiana não fazem mais sentido. O bodisatva apenas mantém a pergunta aberta: "Como eu posso servir?". Apesar da natureza inconsertável da vida, o bodisatva atua com coragem dentro do mundo dos fenômenos, considerando este o meio hábil supremo para despertar ele mesmo e os outros.

O fato de o mundo não ser solucionável pode lhe despertar algumas perguntas a respeito do que você tipicamente entende por evolução. Grande parte das pessoas pensa na evolução como um progresso linear: uma promessa de que a vida vai melhorar, de que nós enquanto espécie continuaremos a aumentar nossa inteligência e inventar tecnologias mais sofisticadas, que irão de algum modo solucionar os problemas da condição humana. Mas, quando nós olhamos para a natureza da contingência infinita, vemos que, de fato, o mundo não está se movendo em uma direção tranquila e linear, e não necessariamente está ficando melhor.

Na tradição de pratityasamutpada, as escrituras descrevem nossa condição habitual na vida como a de uma abelha em um pote. Às vezes a abelha voa até a boca do pote, outras vezes ela voa para o fundo. Do mesmo modo, muito provavelmente nós fazemos algum progresso no nosso pote que, metaforicamente falando, se refere aos momentos em que nos encontramos voando para cima – conseguindo o que nós queríamos. Talvez tenhamos ganhado uma promoção no trabalho, feito uma viagem à Lua, ou inventado uma nova vacina; podemos experimentar vitórias verdadeiras, mesmo. Ainda assim, não podemos evitar também não conseguir o que queremos, e conseguir o que não queremos: confusão, perda e depois morte, claro. Eu não acho que nós podemos genuinamente chamar isso de evolução. De fato, no mundo budista, isso é chamado de samsara, que literalmente significa "ficar girando e girando em círculos".

Lutar pelo progresso linear não resolve o fardo dos seres humanos, de modo algum. A evolução no contexto da natureza de pratityasamutpada é inteiramente diferente. É o processo de nos emanciparmos do pote da delusão de uma vez por todas, e isso pode ser algo momentâneo ou o lugar onde nós finalmente vivemos. O caminho de bodhichitta – que se manifesta na total realização do voto em si – nos fornece a infraestrutura para fazer exatamente isso. E é nosso trabalho trazer vida a tudo isso: encontrar nosso lugar na natureza da contingência infinita e, ao fazê-lo, corajosamente servir a todos os seres.

Escolha

> *Nós vivemos em meio a movimentos, constantemente influenciando uns aos outros e criando um imprevisível caos em muitos níveis. Ainda assim, em meio a esse mesmo caos, nasce toda a ordem física e psicológica que nós conhecemos.*
>
> – F. David Peat

Talvez você se pergunte, enquanto segue o caminho de bodhichitta, quanta capacidade de escolha você de fato tem? Quais são as limitações e as liberdades da natureza de pratityasamutpada, e como você pode se aproveitar delas para poder provocar uma mudança positiva dentro de seu campo de expressão sem delimitações?

Essas questões se referem ao aspecto criativo do surgimento dependente e como você se move por dentro dele. A atividade do surgimento dependente é usualmente conhecida pelo termo sânscrito *karma*, que é comumente traduzido como "atividade". Como todas as coisas se apoiam, o carma se expressa com bastante energia e movimento. O professor budista contemporâneo Traleg Rinpoche, já falecido, explica em seu livro *Carma* quão crucial é explorar o poder e a eficácia do carma. Mas ele expõe ainda que o "carma também tem seus mistérios, pois o nível de complexidade das inter-relações tem de ser considerado"³.

Em outras palavras, o vasto trabalho do carma não pode ser conhecido em sua totalidade, porque a natureza de dimensionalidade aberta das coisas não está limitada à maneira pela qual nós a percebemos. Ainda assim, isso não significa que não seja possível identificar padrões e relações causais de forma clara. Tanto seres humanos quanto animais certamente podem fazer isso, e o fazem. E, com base na habilidade de observar como as coisas funcionam, nós descobrimos como sobreviver neste mundo: metafórica e literalmente – como plantar uma semente e colher seu fruto.

Não há como negar que uma semente de maçã (com as necessárias causas e condições) irá compartilhar continuidade com uma macieira e não com uma bananeira. A natureza de pratityasamutpada expressa a si mesma com absoluta precisão e integridade. De forma que, ainda que quando submetidas à análise as coisas sejam não-encontráveis, nesta tradição, o modo como as coisas parecem funcionar não está em discussão. Se você abordasse um agricultor e tentasse lhe explicar que, se ele observasse o processo cuidadosamente, não seria capaz de localizar o momento em que um broto emerge da semente de maçã, ele iria lhe perguntar onde você planejou comprar seus insumos.

Mesmo em momentos em que o mundo parece pura desordem, é a sua própria habilidade em provocar mudanças e fazer as coisas acontecerem que fornece as evidências que provam que o carma de fato está funcionando. O que você talvez interprete como arbitrário não é nada mais do que sua própria inabilidade de identificar padrões de um modo que lhe faça sentido. Mas simplesmente considere isto: de dentro da caótica aparência de uma tempestade

---

3   Traleg Kyabgon, *Carma: o que é, o que não é, e sua importância* (Teresópolis: Lúcida Letra, 2019), p. 77.

em formação, cai um floco de neve completamente simétrico. Então, ainda que, sob análise, você não consiga encontrar causas lineares, isso não significa que não haja uma complexidade e uma eficácia no carma que, por vezes, você simplesmente não consegue ver.

Claro, ao refletir sobre aquele floco de neve, você pode começar a procurar por um plano escondido ou uma causa singular por trás de sua perfeita simetria. Quando reconhecemos harmonia nas relações – comumente em coisas que consideramos de grande beleza –, não é raro atribuirmos sua fonte a um princípio organizador singular e eterno. Mas, depois de investigarmos, somos incapazes de encontrar uma fonte singular de criação, e isso naturalmente nos redireciona de volta, mais uma vez, à natureza da dependência mútua.

A causalidade mútua é um sistema aberto no qual tudo influencia tudo. E isso significa que, ainda que nós possamos inferir o que pode acontecer a partir de experiências do passado, a magnífica dança da complexidade infinita jamais será totalmente previsível. E isso significa que você tem escolha em meio a essa ordem e que não está acorrentado a um projeto cósmico ou algo do tipo. Mesmo nossas disposições genéticas são suscetíveis a todo tipo de surpresas que influenciam o fluxo dos sistemas naturais.

Em resumo, viver em meio à infinita natureza da contingência significa que, sim, há potencial ilimitado, mas, se as causas e condições não se unirem para que algo aconteça, não irá acontecer. Por exemplo, se você saltar de um prédio, não será capaz de voar – simplesmente porque não tem asas –, mas você pode aprender a voar de parapente ou pilotar um avião. Você não pode forçar alguém a amá-lo, mas pode encontrar amor incondicional e contentamento profundo dentro de você mesmo, o que o abre de modo profundo para sua habilidade de amar a todos, e isso pode sustentá-lo. Você não pode fazer o mundo atingir um estado estático de equilíbrio pacífico, mas suas ações (sejam grandiosas ou pequenas) sempre irão reverberar efeitos, então não há opção para você senão influenciar o curso da história. Isso é que é ter poder e escolha.

Quer façamos uma escolha consciente de seguir uma linhagem de sabedoria ou não, sempre tivemos uma inclinação natural em direção ao bem-estar. Talvez você diga que sempre esteve procurando pela experiência da graça. Nossa busca se expressa por si mesma no momento em que nascemos para esta vida, e instintivamente choramos para mamar e encontramos conforto no colo de nossas mães. A partir daí, nós temos muito o que aprender, e isso requer bastante experimentação e sentido de brincadeira – e eu digo brincadeira em um sentido amplo: como nós interagimos com a vida, como nós a influenciamos, como ela nos molda, e como nós descobrimos como unir nossas ações com nossas intenções.

Quando crianças, nós todos somos levados por uma curiosidade natural. Eu desconfio que você, como a maior parte das crianças, fez coisas que lhe disseram para não fazer, apenas para ver por você mesmo como as coisas funcionavam, como tocar no forno quente com seu dedo ou mostrar a língua para o vizinho. A pressão de terem lhe dito para não fazer algo fazia daquilo muito mais tentador, e suas consequências também se tornavam parte da brincadeira dessa experimentação. Há uma audácia e uma curiosidade nesse tipo de brincadeira, a partir da qual nós todos aprendemos sobre os caminhos do mundo, sobre a natureza dos elementos físicos e sobre as respostas que recebemos de acordos comportamentais desafiadores em qualquer contexto social.

Ao longo de nossa vida adulta, a brincadeira prossegue. A troca contínua que você faz com a vida acontece o todo tempo: o ar frio toca sua pele e você veste um casaco. Depois de colocar o casaco quentinho, você sai. Digamos que você entre em seu carro, coloque a chave na ignição e gire. O motor começa a roncar. Depois de alguns minutos na estrada, você chega a um cruzamento, onde para em uma placa de "pare". Você para porque compartilha com outros motoristas e pedestres o acordo de seguir as regras de trânsito e respeitar a infraestrutura da cidade. Pode ser que você se ressinta algumas vezes por ter de se mover dentro dos limites desse tipo de restrições, mas, de fato, tais sistemas ajudam a direcionar sua vida de uma maneira positiva, fazendo com que você chegue onde quer chegar de modo seguro. Eu não renegaria regras e leis como se elas estivessem fora da natureza da brincadeira. Elas são construções criativas que aproveitam a natureza de causa e efeito para produzir resultados específicos.

O dia inteiro você se bate contra as coisas, provoca, empurra, se rende, lida com elegância e flerta com as muitas possibilidades que é capaz de avistar. Algumas vezes você fracassa na tentativa de alinhar suas ações com suas intenções, e em outras você consegue. Às vezes você machuca as pessoas. Em outras, elas te machucam. Há momentos em que você tem um vislumbre e vê o mundo como incondicionalmente perfeito. "De onde surgem essas experiências", você se pergunta, "e por que elas vêm e vão?" Foi esse o tipo de pergunta que o Buda se fez em seu caminho para despertar da delusão. Ele implacavelmente se dedicou à experimentação brincante até trilhar seu caminho para a graça. Foi assim que ele descobriu o caminho do despertar.

CAPÍTULO 5

Tradição viva

Espiritualidade customizada

> *Para ajudá-lo neste caminho, você tem os mapas deixados pelos budas, bodisatvas, professores e mestres de linhagens do passado. O que eles encontraram em sua jornada... o que funcionou ou não funcionou para eles? Devido à sua bondade, você tem essa incrível informação para usar e apreciar.*
>
> – Dzigar Kongtrul Rinpoche, It's Up to You

A história revela que humanos sempre fizeram uso da forma e do ritual para invocar proteção das poderosas forças da natureza e para marcar transições importantes, como ritos de passagem da infância para a idade adulta e da vida para a morte. Em diferentes épocas e culturas nós temos usado rituais de purificação para processar a dor do remorso; cerimônias de consagração para inaugurar lugares e objetos com funções significativas; e música, poesia e arte para criativamente expressar e agradecer a experiências externas e internas de graça. Algumas dessas tradições têm sido transmitidas com grande ternura e propósito por milhares de gerações.

O renomado professor budista indiano Asanga descreve o caminho espiritual como tendo dois aspectos: escritura e realização. Realização se refere ao continuum autêntico de sabedoria viva sendo transmitida por meio de uma sucessão de talentosos eruditos e meditadores, insight que palavras não conseguem traduzir. Escritura se refere às formas, rituais e linguagem usados para levar uma tradição adiante, a fim de evocar e honrar a realização e a experiência da graça. Ela descreve como nós utilizamos o mundo fenomênico, de forma específica e cuidadosa, para nos mantermos nas fronteiras de nossa própria intenção de florescer como seres humanos.

Um dos mais valiosos e mais amplamente recitados textos da tradição budista, o *Sutra do Coração*, ajuda a elucidar a relação entre escritura e realização. Em algumas versões, o sutra começa com uma introdução que descreve o cenário no qual o Buda o ensinou pela primeira vez. No topo de um alto monte, sobre um expansivo vale no norte da Índia conhecido como Pico dos Abutres, uma assembleia de praticantes ordenados e bodisatvas se reuniu ao redor do Buda, ansiando, completamente atentos, por receber seus ensinamentos. Curiosamente, ao longo de quase todo o sutra, o Buda senta silenciosamente em meditação como um modo de ilustrar que esse insight não pode ser capturado em palavras ou conhecido por meio de conceitos ordinários.

E, naquele mesmo momento, o bodisatva Avalokiteshvara serve como porta-voz do Buda, descrevendo o insight da vacuidade nas palavras que compõem o próprio sutra. É apenas perto do fim que o Buda elogia as palavras de Avalokiteshvara com entusiasmo – "Assim é, assim é!", nos lembrando de que os instrumentos ilusórios da linguagem e da comunicação não funcionam como verdades, mas como meios para nos abrir para a experiência da graça. À medida que o caminho se abre, começa-se a capturar a função poderosa e a sacralidade das palavras e dos gestos que constituem uma tradição.

Na maior parte das tradições espirituais, você encontra tanto formas extremamente ritualizadas de adoração quanto práticas herméticas que fomentam silêncio e solitude. E, mesmo quando estão disfarçados com aparência desapegada, rituais são utilizados como forma de incluir o mundo sensorial no reino da descoberta espiritual. O ritual cria um recipiente para a transformação acontecer. Mesmo as práticas ascetas de vestir ásperos mantos feitos de estopa, por exemplo, utilizam manifestações humildes da forma como uma maneira de explorar o mundo sensorial da riqueza incondicional. Nós podemos considerar as formas e rituais que utilizamos como instrumentos para evocar insight, para apreciar o mundo das aparências e para criar a experiência da graça.

Em verdade, nossas vidas estão repletas de rituais: apertos de mãos, júris, execuções, eleições políticas, festas de aniversário, casamentos, funerais. Jurar lealdade à bandeira de um país ou torcer por seu time de futebol favorito são gestos de reverência e, portanto, um tipo de ritual. Mesmo acordar de manhã e em seguida lavar o rosto e tomar café estão entre os incontáveis rituais que realizamos enquanto indivíduos e sociedade a cada dia. Não há como viver sem ritual, e, ainda assim, nós comumente achamos que temos de escolher entre aderir aos rituais ou nos rebelar contra eles. Tendo em conta a natureza limitante dessa suposição, o tema da tradição e do ritual merece ser considerado.

Seja em um contexto espiritual ou mundano, ideias sutis sobre o que deveríamos ou não fazer surgem sorrateiramente, fazendo as formas parecerem rígidas, arcaicas e impessoais. Nós nos referimos a comunidades espirituais por meio do, de certa forma, depreciativo termo "instituição religiosa" quando nos sentimos entrincheirados por crenças predefinidas ou sentimos falta de uma conexão pessoal com seu propósito. A espiritualidade estagna quando se torna um sistema fechado.

O físico teórico F. David Peat fala de sistemas fechados como "ciclos-limite". Você normalmente encontrará ciclos-limite em sistemas de crenças coletivos, como em instituições religiosas ou partidos políticos, quando indivíduos se fixam a certezas ou verdades em relação a formas e ideias. Relações de codependência, que favoreçam comportamentos neuróticos dentro de famílias, também envolvem a fixação a uma dinâmica nociva ligada, por exemplo, a um vício. Algumas vezes você pode tomar para si o ciclo-limite de outra pessoa na forma de uma crença. Um exemplo de ciclo-limite, em sua própria experiência, talvez seja a forma como você dedica sua energia interna para resistir à mudança.

Em contraste, podemos observar na natureza que, quanto mais aberta uma espécie é à variedade de habitats, mais vigorosa ela se torna. E, quanto mais restrita uma espécie é a um conjunto particular e estreito de condições, mais vulnerável ela está à inevitável mudança que em algum momento irá se derramar sobre seu habitat. Nenhum habitat permanece estagnado. Mais cedo ou mais tarde, mudança suficiente irá acontecer para chatear seus habitantes.

Como temos discutido, dentro da natureza das relações interdependentes não há tal coisa como um sistema fechado, de modo que tentar resistir à mudança requer uma boa dose de contração, uma recusa teimosa a deixar a vida tocar você e uma tentativa rigorosa de rearranjar o mundo de acordo com suas preferências. Em um ciclo-limite não há um senso de colaboração com o universo das relações interdependentes, do qual você é parte integral.

O ilustre Thich Nhat Hanh, no primeiro de seus quatorze preceitos para um budismo engajado, ensinou: "Não tenha uma postura de idolatria ou limitação a qualquer doutrina, teoria ou ideologia, mesmo as budistas. Os sistemas de pensamento budista são meios de orientação; eles não são a verdade absoluta".[1] Esta declaração, que parte da visão do Caminho do Meio, é tão liberadora. Mas, por favor, não a interprete como sendo uma rejeição à prática e às ideias tradicionais.

Pode ser que encontre em si mesmo uma tendência a cultivar suspeitas em relação a ideias e práticas tradicionais que parecem secas e que desafiam suas visões sobre livre pensamento. Nesta época em que o conhecimento científico tem se tornado o árbitro da verdade, você talvez despreze práticas rituais formais como arcaicas, estrangeiras ou mesmo embaraçosas em um mundo no qual se envolver com essas coisas é visto como ingenuidade e estreiteza de pensamento. Quando você deixa sua prática murchar e permite que outros a definam por você, talvez se queixe de que o caminho não está funcionando e tente criar algo novo. Talvez pense: "Afinal, nós somos dos Estados Unidos; vamos criar um novo budismo estadunidense".

---

1 Thich Nhat Hanh, *Interbeing: Fourteen Guidelines for Engaged Buddhism*, revised ed. (Berkeley, CA: Parallax Press, 1993).

Eu gosto do espírito aventureiro e criativo dos estadunidenses, mas com este espírito normalmente vem o perigo da customização da espiritualidade. Nós customizamos a espiritualidade ao substituir aquilo que nos parece desconfortável por um estilo de espiritualidade que promove conforto, mas pouca transformação. Podemos tentar retirar pedacinhos de sabedoria autêntica – as partes que fazem com que você se sinta bem – do resto de uma tradição, ou desconsiderar completamente uma tradição inteira. Um exemplo disso seria rejeitar a palavra *fé* em vez de tentar olhar mais profundamente para sua etimologia, seu grande leque de significados e para como você a experiencia.

Investigar abre uma janela para a transformação, e nós precisamos realmente nos perguntar se é isso o que queremos: você realmente quer mudar? Ou você se sente bem em ficar onde está e se apoiar em suas crenças, mesmo que elas tenham por base a rejeição a uma tradição de sabedoria? Como uma postura assim poderia lhe ser útil? Um caminho que tem por objetivo viver à margem da vida pode conduzir apenas a uma versão diluída de alguma outra coisa. O que acontece é que rejeitar formas é realmente apenas o outro lado de se fixar a elas – apenas mais um ciclo-limite baseado na recusa teimosa a suavizar as fronteiras de suas verdades.

A tendência a se esquivar diante do desconforto é apenas o outro lado de fixar-se a visões. No entanto, se a busca por graça lhe inspira, você tem de estar disposto a abrir ao menos uma pequena brecha para ver suas verdades, e investigá-las apenas um pouquinho para ver o que pode encontrar. A transformação não pode acontecer se você fica saltando de uma coisa para outra, porque, como já vimos, não há nada com o que você possa se relacionar que sempre trará contentamento e conforto. Compreender isso significa desfazer o mito da "liberdade de cair fora": achar que é o mundo lá fora que aprisiona você e que a liberação vem de fugir tão pronto as coisas fiquem difíceis. É claro, nós nunca encontramos liberdade autêntica dessa maneira, porque, como dizem, "onde quer que você vá, lá está você". A experiência da graça, como temos discutido, vem de unir discernimento com abertura e humildade.

Uma vez eu ouvi um professor budista dizer que a maior razão para se ter um professor era se tornar autônomo. Eu refleti sobre isso por um tempo. Pensei: "Bem, sim, como uma mãe, eu fiz tudo o que pude para ajudar meu filho a andar com os próprios pés. Eu entendo isso". Mas é possível que alguém se sustente nos próprios pés sem a mãe, pai ou guardiões para guiá-lo? Quando nós nascemos, somos completamente indefesos e dependentes. Nunca sobreviveríamos sem a ajuda de outros. Na verdade, a autonomia não existe. Então, se você quer viver de acordo com a natureza das coisas – o que significa viver em graça – de forma prática, será demandado que você tenha humildade e gratidão pelos caminhos por meio dos quais sua tradição chegou até você com tanto cuidado.

Na cultura contemporânea, frequentemente humildade é associada a fraqueza, submissão ou estupidez. Mas a natureza de pratityasamutpada, como nós temos discutido ao longo deste livro, nos leva a entender que a humildade vem de uma profunda apreciação por quem somos, no contexto de um universo em que todas as coisas estão apoiadas umas nas outras. Viver de acordo com o modo como as coisas são nos empodera. E nós precisamos nos sentir empoderados porque, na verdade, é nossa tarefa manter a investigação viva e não nos deixarmos tomar por uma névoa espiritual. Ninguém mais, nem mesmo o professor, em última instância, pode fazer isso por nós.

Por favor, não me entenda mal aqui. Eu não estou necessariamente tentando fazer campanha a favor de instituições religiosas. Estou apenas pedindo que você se pergunte se aderir às formas ou rejeitá-las são suas únicas opções. É claro, como nós também temos discutido ao longo deste livro, há o Caminho do Meio, que nos leva para além de crença e dúvida, além de fixação e rejeição. Agir a partir do Caminho do Meio ou da fé é o processo de investigação aberta que traz tudo de volta à vida da forma mais pessoal possível. Isso é budismo tradicional e, me parece, a essência de todas as tradições espirituais autênticas.

Anima-me – e às vezes me preocupa – testemunhar a sabedoria atemporal da tradição budista adentrando a atmosfera selvagem, petulante e criativa da cultura contemporânea. Eu me pergunto se ela resistirá ao teste do tempo. Bem, vai depender se aqueles que a praticam conseguirão manter o espírito da investigação aberta. Essa é uma questão a ser considerada de forma muito pessoal por cada um de nós.

A lógica da fé

> *É vital obtermos confiança genuína na natureza da mente e da realidade, fundamentada em entendimento e razão.*
> – Sua Santidade o Décimo Quarto Dalai Lama

Pensa-se que a lógica pertence apenas ao reino do intelecto: a + b = c. Sistemas numéricos, teorias e linguagem funcionam somente dentro dos confins dos arbitrários sistemas feitos-pelo-homem, mas não são capazes de descrever a vitalidade do mundo em que vivemos.

Mas, neste livro, nós abordamos a lógica por uma ótica diferente. No espírito e na tradição de pratityasamutpada, nós exercemos o discernimento lógico em conexão com a experiência direta. Unimos nosso dom natural para o discernimento com uma atitude de completa abertura, o que nos permitiu perceber nosso objeto (toda e qualquer coisa) sem os impedimentos que surgem quando nos fechamos em verdades conceituais. Insight e confiança genuínos revelam a si mesmos apenas para uma mente que pode fazer face à brilhante e insondável natureza da interdependência, sem se fixar a noções definitivas de é e não é. Ser testemunha da experiência dessa forma é o ato que eu tenho chamado de fé.

A lógica da fé

A lógica da fé, como apresentada aqui, pode ser entendida em uma afirmação simples: porque tudo se apoia, nada existe de modo definitivo. Disso decorre que a única maneira de conhecer sem erros vem do insight de não buscar por verdades determinadas.

Como Joanna Macy tão inteligentemente coloca:

> *Do ponto de vista da causalidade mútua, a impossibilidade de se chegar a definições e formulações finais sobre a realidade não representa um fracasso para a mente investigadora. Apenas as afirmações finais são suspeitas, não o processo de conhecer em si mesmo.*[2]

Esta é uma dedução lógica, mas também uma que só pode ser entendida diretamente, por intermédio da análise de sua própria experiência. Por meio da compreensão, a convicção gera raízes. Nós encontramos no estudo de pratityasamutpada um modo diferente de conhecer, que vai além dos limites de é e não é. À luz disso, espero que você tenha descoberto, por meio das investigações apresentadas neste livro, que não há necessidade de abandonar a lógica para agir com fé.

Quando você toma para si a tarefa de seu próprio despertar por meio da investigação direta, a espiritualidade ganha movimento e tração no contexto de sua vida diária. Nós não podemos esperar por transcendência espiritual enquanto estivermos entrincheirados no reino das ideias fixas e das suposições vagas. Sem submeter a consciência à luz de nossa experiência direta, a espiritualidade se torna mais uma iniciativa egoica, com a função de agradar e proteger nossas abstratas noções de eu. Pode ser que você perceba que, no contexto de seu próprio caminho, você segura mais do que deixa ir e que, mesmo depois de anos de meditação, orações e crenças, ainda tem de aprender a deixar a vida entrar. Isso é algo importante de ser continuamente checado: qual é verdadeiramente o propósito de um caminho espiritual?

---

2   Macy, *Mutual Causality*, 130.

Talvez você responda: "Aliviar o sofrimento". Sim, é razoável não querer sofrer. Mas, no contexto de um universo em que todas as coisas se apoiam, é mesmo possível chegar a um estado de perfeito e pacífico equilíbrio, no qual você não mais tem de sentir a dor e os desafios da condição humana? Além disso, é isso que você realmente quer?

Meu professor com frequência fala que o Caminho do Meio não é sobre buscar paz. Buscar paz implica uma busca por experiências desejáveis, em que se avalia e se separa a vida de acordo com o que se quer e o que não se quer. O caminho de pratityasamutpada oferece algo mais audacioso e estimulante. Ele desafia você a permanecer com o mistério, em vez de buscar conclusões; deixar que a vida o toque, em vez de viver à margem dela; analisar a natureza das coisas, em vez de se fechar em ideias grosseiras e dogmas. Ele o encoraja a explorar as assim chamadas "coisas" que você continuamente evita e às quais reage. Você é capaz de se permitir sentir o leque completo da experiência humana – a vida – sem se fechar ou persegui-la?

A prática autêntica de pratityasamutpada, afinal, oferece um caminho para sermos grandes o suficiente para nossa vida. Ensina-nos que há uma felicidade que não exclui o sofrimento, que não requer que você mantenha a abundância da vida sob controle. E você pode deixar entrar toda essa vida quando entender que as coisas não estão limitadas às suposições que você tem sobre elas. É aí que os ensinamentos de pratityasamutpada entram e desafiam suas noções do que é real.

Desde aquele importante dia em que sentei com meu professor naquele monte no Nepal, eu vim a entender a potência e o poder de seu simples gesto. Ao pressionar os dois dedos indicadores um contra o outro, ele estava me oferecendo minhas primeiras instruções sobre pratityasamutpada, me mostrando que tudo se apoia. É fácil subestimar o poder e a sofisticação desse ensinamento essencial. Tenha em mente que o insight sobre a interdependência está no coração da realização do Buda e do caminho. Tal insight causa uma interrupção em nossos persistentes sistemas de delusão.

  Quando a imagem do gesto de meu professor surge claramente diante do olho de minha mente, ela me faz lembrar de que eu não sou uma nem sou duas; eu não sou a mesma coisa que, nem estou separada da natureza insondável da expressão interdependente. Eu não estou totalmente no comando, ainda que cada coisa que eu faça importe. Não sou nem grande nem pequena. Eu sou, entretanto, parte da grande natureza da contingência infinita, e, nos momentos em que incorporo essa sabedoria, vivo em graça. Mesmo nos momentos em que minhas tendências habituais me dominam e eu deixo a aparência das coisas ofuscar sua natureza, eu tenho fé na natureza da interdependência e no caminho de pratityasamutpada. Tendo visto isso, não há retorno. Isso se tornou uma verdade óbvia.

  Eu escrevi este livro como um tributo à experiência da graça, a fonte desde a qual todas as tradições de fé autênticas emergiram. Mas eu também tinha outra coisa em mente. Queria introduzir a tradição de pratityasamutpada em uma conversa mais ampla a respeito da fé. Queria apresentar uma investigação que liberasse a fé do reino estagnado das crenças individuais e culturais, e que fosse além das suposições vagas que seguem aprisionadas à linguagem. Eu queria trazer à tona a prática da fé ou do Caminho do Meio como uma proteção contra os extremos do niilismo e do eternalismo, que se alastram desenfreados nestes tempos de extremo fundamentalismo e dúvida.

  Enquanto escrevo o capítulo final deste livro, sigo me deleitando com a exploração desta simples palavra – fé – e com o processo de abertura em universos inesgotáveis repletos de informação e insight. Eu utilizei frases e termos para apontar a experiência da fé, que vinham tanto de exemplos pessoais quanto de narrativas culturais. Mas não importa quão coloridas, divertidas e descritivas essas palavras sejam, a linguagem nunca dá conta da vivacidade da experiência direta.

Então, ainda que digam que todas as coisas chegam a um final, eu preciso discordar dessa afirmação. De fato, acho que essa é uma expressão que precisa ser seriamente reexaminada! Dentro da natureza responsiva da expressão interdependente, todas as coisas influenciam todas as outras coisas. E isso significa que a vida sempre será um trabalho em andamento. Portanto, ainda que este livro chegue a suas páginas finais, quem pode prever o que virá dele? Escrevê-lo, sem dúvida alguma, mudou o modo como eu vejo as coisas. Minha esperança é que ele mantenha você interessado, de modo que não mais se feche em palavras e experiências, nem caia em fundamentalismo e dúvida, para ser capaz de ver que a confiança incondicional não surge da fixação a visões.

Eu agradeço a você por ter se unido a mim em reconsiderar a palavra fé. Minha esperança é que você tenha descoberto, por meio das investigações apresentadas neste livro, que não há necessidade de abandonar a lógica para poder ter fé. Afinal, considerando que o mundo não se deixa conhecer de um modo determinado, agir com fé pode muito bem ser a única resposta lógica para viver em um mundo no qual tudo se apoia.

O selo eu**reciclo** faz a compensação
ambiental das embalagens usadas pela Editora Lúcida Letra.

Que muitos seres sejam beneficiados.

Para mais informações sobre lançamentos
da Lúcida Letra, cadastre-se em
www.lucidaletra.com.br

Impresso na gráfica da Editora Vozes,
Tipos Sparose, Museo Slab e Californian FB 10,5pts